Vater hat Parkinson

Norbert Schaper

Ehemann

Vater

Trainer

Mensch

Vater hat Parkinson

Norbert Schaper

Ehemann

Vater

Trainer

Mensch

FSC
www.fsc.org
MIX
Papier aus ver-
antwortungsvollen
Quellen
Paper from
responsible sources
FSC® C105338

Herstellung und Verlag:

BoD, Books on Demand, Norderstedt

ISBN 978-3-7494-3010-9

Vorwort

Es ist jetzt mittlerweile 8 Monate her, dass mein Vater überraschend von uns gegangen ist.

Lange habe ich überlegt, ob ich dieses Buch schreiben soll. Ich war hin und her gerissen. Ist es zu früh? Bin ich selbst schon bereit dafür? Hätte er das überhaupt gewollt? Ich habe mit meiner Mutter darüber gesprochen, ob ich das machen soll. Ich habe es immer wieder vor mir hergeschoben.

Viele von Ihnen werden sich vielleicht fragen, warum soll man überhaupt ein Buch über einen Verstorbenen schreiben?

Zum einen als Andenken. Zum anderen ist es mir ein Anliegen, Ihnen von ihm zu erzählen. Von dem Ehemann, Vater und Trainer. Einige von Ihnen kennen den Trainer Norbert Schaper. Sie kennen ihn als „harten Hund", wie er oftmals in der Branche bezeichnet wurde. Wenige kennen ihn so wie wir ihn kennen oder besser gesagt kannten, als Vater und als Ehemann.

Auch aus diesem Grund schreibe ich dieses Buch. Um Ihnen den anderen Norbert Schaper etwas näherzubringen. Den Menschen, den viele nicht kannten.

Den Mann, der es liebte, golfen zu gehen. Der sich gern exklusive Kleidung anfertigen ließ. Den Menschen, der gutes Essen und ausgezeichnete Weine liebte. Den Mann, der schicke und schnelle Autos fuhr. Eine Person, die leider viel zu früh gestorben ist. Im Alter von 71 Jahren.

Es geht in diesem Buch aber auch um die grausamen Krankheiten, die ihm erst das Leben schwer gemacht und es ihm dann genommen haben. Krankheiten, mit denen wir uns doch erst dann beschäftigen, wenn wir plötzlich irgendeinen Bezug dazu haben. Sei es durch Familie, Freunde, Kollegen oder durch eigene Erfahrungen.

Krankheiten, für die es kein Heilmittel gibt. Die man in bestimmten Fällen höchstens daran hindern kann, noch mehr auszubrechen. Allerdings funktioniert das nicht immer so wie erhofft oder es hat andere Nebenwirkungen, die einem wieder einen Teil seiner eigenen Lebensqualität entreißen.

Lebensqualität, das ist ein gutes Stichwort. Ist das nicht für uns alle besonders wichtig? Aber wie erreichen wir das?

In diesem Buch möchte ich Ihnen von dem Kämpfer Norbert Schaper berichten. Einem Mann, der seit seiner frühesten Kindheit kämpfen musste. Teilweise im wahrsten Sinne des Wortes.

Ich möchte Ihnen aber auch von einem Ehemann und Vater berichten, der alles für seine Familie getan hat. Für den es immer oberste Priorität hatte, dass es uns allen heute gut und morgen noch besser geht.

Und von einem Trainer, der Zeichen gesetzt hat. Der Eindruck hinterlassen hat. Und der Menschen begeistert und mitgerissen hat. Auch von einem Trainer, der angeeckt ist und sich nicht nur Freunde gemacht hat.

Die nachfolgenden Erlebnisse und Erinnerungen helfen Ihnen einen Einblick in die Seele von Norbert Schaper zu erhalten. Etwas, was er in seinem Leben nie wirklich zugelassen hat. Wer war Norbert Schaper? Was trieb ihn an? Warum war er so wie er war?

Ein Querschnitt durch seine 71 Jahre…

Ehemann

Am 13. August 2018 wäre ihr 49. Hochzeitstag gewesen. Norbert und Jutta Schaper wären dann 49 Jahre verheiratet gewesen. Und wie hieß es damals und heißt es auch noch heute: *In guten wie in schlechten Tagen!*

Wie das in vielen Ehen ist, die solch eine lange Zeit Bestand haben, gab es natürlich gute und auch nicht so gute Zeiten. Die zwischenmenschlichen Konflikte, die Herausforderungen, die Ängste und Zweifel, die bekommt man als kleines Kind ja überhaupt nicht mit. Oder anders gesagt, man versteht gar nicht, wenn dort mal etwas nicht so reibungslos funktioniert, wie es an anderen Tagen der Fall war.

Je älter ich wurde, desto mehr konnte ich verstehen. Nicht dass Sie jetzt denken, es war in unserer Familie an der Tagesordnung, dass gestritten wurde. Nein, auf gar keinen Fall. Aber wie in jeder Beziehung lief auch da nicht immer alles rund.

Der Stress von der Arbeit wurde mit nach Hause gebracht. Der Ärger von zuhause konnte nirgendwo anders abgeladen werden. Also gab es auch bei uns zuhause Konflikte.

Wobei ich ehrlicherweise eingestehen muss, dass es erstens nicht viele waren und das zweitens, ich sie meistens gar nicht mitbekommen habe. Denn je älter ich wurde, desto weniger war ich zu Hause, desto weniger bekam ich mit.

Auch die guten Sachen waren für mich irgendwie gar nicht relevant. Wieso? Sie waren für mich normal. Jedes Kind möchte doch, dass es in der eigenen Familie harmonisch abläuft. Und da das größtenteils auch der Fall war, war für mich alles gut.

Es sei denn, ich habe selbst dafür gesorgt, dass es Stress gab. Und das konnte ich als Jugendlicher besonders gut. Das fing schon mit den Noten in der Schule an und ging dann über in dubiose Bekanntschaften, die nicht im Sinne meiner Eltern waren. Und schon war Ärger vorprogrammiert.

Möglicherweise ist aber auch das ganz normal. Natürlich, wenn ich so zurückblicke, gibt es viele Situationen, in denen ich der Auslöser für Streitigkeiten war. Durch mein Verhalten und meine Fehler kamen bei meinen Eltern auch riesige Diskussionen auf. Haben wir in der Erziehung etwas falsch gemacht? Waren wir zu streng? Oder hätten wir noch strenger sein müssen?

Genau an dieser Stelle gibt es ja häufig Konflikt-potential. In unserem Falle war mein Vater meistens der Strenge und meine Mutter größtenteils die weniger Strenge. In vielen Situationen waren aber auch beide streng. Und im Nachhinein betrachtet war das auch gut so.

Kennen wir nicht alle diese speziellen Gegebenheiten, in denen dann so Aussagen fallen wie:

„Du wirst uns später noch dankbar sein…"

„So lange Du Deine Füße unter unserem Tisch hast.."

In dem Moment haben wir uns doch nur unseren Teil dazu gedacht. So ein Blödsinn. So ein Mist. Immer diese Regeln, dieser Stress und dieser Druck. Na klar hat uns das gestört, wir wollten als Kind oder Jugendlicher frei sein. Wir wollten uns keinen Regeln unterwerfen. Wir wollten rebellieren und unser eigenes Leben leben und Erfahrungen sammeln.

Und genau aus diesem Grund war mein Vater so wie er war. Streng, hart, konsequent und geradlinig. Aber auch führsorglich, beschützend und väterlich.

Übrigens trifft alles genauso auch auf meine Mutter zu. Nicht dass Sie denken, was war denn eigentlich mit ihr? Aber in diesem Buch geht es in erster Linie um meinen Vater.

Und deshalb gibt es auch zum Thema Vater – Sohn im nächsten Kapitel mehr. Jetzt geht es erstmal um den Ehemann Norbert Schaper.

Normalerweise müsste meine Mutter dieses Kapitel schreiben, da es ja gezielt sie betrifft. Aufgrund der vielen Gespräche, die wir jetzt im Nachhinein hatten, kann ich Ihnen glaube ich auch einen ganz guten Eindruck verschaffen, wie es so als Ehemann war.

Meine Eltern haben sich in jungen Jahren in Braunschweig kennengelernt. Sie kamen sehr schnell zusammen, obwohl sie auch die ein oder andere Hürde nehmen mussten. Herkunft. Eltern. Schulische und berufliche Werdegänge, usw. usw.

Mein Vater hatte es in seiner Jugend nicht immer leicht. Ein großer, schlanker Junge mit roten Haaren, der aus einer Arbeiterfamilie stammt. Da gab es schon damals viele Schlachten, die geschlagen werden mussten. Im wahrsten Sinne des Wortes. Aber er hat sich durchgesetzt. Oder sollte ich lieber sagen, durchgeboxt.

Nach häufigen Konflikten, die nur mit Fäusten gelöst wurden, meldete sich mein Vater in einer Boxschule an. Er lernte dort mit seinen Aggressionen umzugehen. Er lernte aber auch sich zu verteidigen, denn darum ging es ihm in erster Linie.

Und dieses Gefühl was dadurch in ihm wuchs, brachte ihm auch die nötige Kraft und Stärke, Konflikten aus dem Weg zu gehen. Und das respektierten auch die anderen. Aus Feinden wurden Freunde. Aus dem Boxer wurde ein Schwimmer. Ja, er hat sich dann irgendwann eine andere Sportart gesucht. Schwimmen, Wasserball. Das fand er toll. Und auch so bekam er wieder neue Freunde.

Trotzdem musste er sich überall beweisen. Die so genannten Freunde aus dem Boxermilieu, die waren vielleicht auch nicht der beste Umgang. Deshalb hieß es für ihn, hin zur Seriosität. Banklehre. Er begann nach gutem Schulabschluss eine Ausbildung bei einer kleinen Bank auf dem Dorf. Auch dort musste er sich anfangs durchboxen. Der Filialleiter gab ihm oft minderwertige Aufgaben oder schickte ihn zum Kaffee holen. Aber er war ein vorbildlicher Azubi. Er bestand die Prüfung mit Bravour.

Er wechselte dann recht schnell zu der größten Bank im Lande, nämlich der Deutschen Bank. Dort konnte er sich sehr schnell etablieren, stieg nach kurzer Zeit zum stellvertretenden Filialleiter auf und konnte sich somit als „Deutschbanker" bezeichnen. Und darauf war er stolz. Er hatte es allen gezeigt. Den Zweiflern, den Nörglern und den Neidern. Er wollte etwas aus sich machen und seiner Frau ein gutes Leben bieten.

Kurz nach der Hochzeit nahm er einen neuen und sehr interessanten Job an. Er ging zu einer großen amerikanischen Kreditkartengesellschaft, war dort sehr erfolgreich und stieg recht schnell auf. Aber die internen Machenschaften, die Intrigen und Grabenkämpfe, die dort existierten, die wollte er nicht schon wieder erleben. Davon hatte er in seiner Kindheit und Jugend bereits genug zu spüren bekommen.

So wechselte er recht schnell in den Vertrieb eines großen Sanitärunternehmens. Obwohl dieser Wechsel auch mit einer räumlichen Veränderung verbunden war, ein Umzug nach Kassel stand an, entschieden meine Eltern alles gemeinsam. Sie diskutierten, ob dieser Schritt der richtige wäre. Und sie machten den Schritt gemeinsam.

Auch in seinem neuen Unternehmen war er sehr erfolgreich. Er konnte gut mit Menschen reden. Er konnte Menschen etwas verkaufen. Er ging auf die Kunden ein. Sein Ziel war es schon damals langfristige, zufriedene Kunden zu gewinnen. Und das schätzen seine Kunden auch an ihm.

Bis sich eines Tages die Möglichkeit ergab, den Beruf des Trainers zu erlernen. Allerdings wieder verbunden mit einem Umzug nach Düsseldorf.

Gerade für die Beziehung meiner Eltern keine leichte Situation. Da hat man sich gerade irgendwo eingelebt, Bekanntschaften geschlossen und schon steht die nächste Veränderung an. Aber wie gesagt, es wurde zwischen den beiden immer alles in Ruhe besprochen. Denn es waren schon große Schritte und die Gefahr, dass es nicht funktioniert, war immer da.

War mein Vater vielleicht auch in manchen Situationen egoistisch? Mag sein. Allerdings hatte er nie nur sein eigenes Wohl im Auge, sondern immer auch das meiner Mutter und später das von uns allen. Aber er konnte seine Meinung auch zuhause gut verkaufen.

Wie bereits erwähnt, er war konsequent und geradlinig. Anders ging es aber auch nicht. Und das war auch die Basis für den Beruf des Trainers.

Diese Zeit, die dann begann, war allerdings für meine Mutter alles andere als leicht. Die Ausbildung zum Trainer fand größtenteils über mehrere Wochen in der Schweiz statt. Die anschließenden Trainings waren auf ganz Deutschland verteilt. Meine Mutter war dementsprechend sehr viel Zeit allein zuhause.

Wenn ich so an Familien denke, die ich heute kenne, würden sich manche Frauen vielleicht wünschen, dass ihr Mann häufiger verreist wäre. Aber das ist ein anderes Thema.

Die Zeit, in der mein Vater dann zuhause war, war auch nicht so leicht. Warum? Er war durch die viele Arbeit, den tagtäglich Umgang mit seinen Trainingsteilnehmern und anderen Menschen, froh seine Ruhe zu haben. Aber was war mit meiner Mutter? Sie war die ganze Zeit allein zuhause und jetzt, da ihr Mann wieder da war, gab es auch keine große Abwechslung.

Nicht leicht die ganze Situation. Um so höher ist es anzuerkennen, dass sie beide trotzdem diese Situationen gemeistert haben. Das Beste daraus gemacht haben. Wobei die Anerkennung an dieser Stelle in großen Teilen meiner Mutter gebührt. Bitte verstehen Sie mich nicht falsch, mein Vater war ein guter Ehemann und Vater. Aber er war immer noch sehr erfolgsorientiert. Und so musste man auf Sachen verzichten, die für andere ganz normal oder alltäglich waren.

In dieser Zeit existiere ich übrigens auch schon ein paar Tage. Nur falls Sie sich gerade fragen, wo ich denn in dieser ganzen Geschichte abgeblieben bin. Ich bin da. Aber ich habe noch nicht wirklich viel mitbekommen.

Auf der anderen Seite kam mit dem Erfolg auch das Schöne im Leben zu tragen. Meine Eltern konnten sich eine schöne Wohnung und später schöne Häuser leisten.

Sie fuhren beide tolle Autos und gönnten sich exklusive Urlaube auf Mallorca oder am Tegernsee.

Mit all diesen „Sachen" belohnten sie sich. Irgendwann kam dann der Golfsport dazu, den beide nur zu gerne ausübten. Mein Vater arbeitete irgendwann nicht mehr ganz so viel, so dass die Zeit zu zweit mehr wurde.

Und so schloss sich vielleicht dann der Kreis von der früheren Entbehrlichkeit hin zum Genießen der schönen Dinge des Lebens. Man(n) wird ja schließlich auch weiser, je älter man wird. Das Resultat war, dass meine Eltern dadurch auch viel mehr Zeit miteinander verbrachten. Und das füllte sie aus.

Einen großen Freundeskreis gab es nie. Durch die vielen Umzüge auch schwierig. Einen besonders engen Kontakt zu der Familie gab es auch nicht wirklich. Klar, es gab schon gemeinsame Treffen. Aber irgendwie hat sich das im Laufe der Jahre auch immer verringert.

Als Jugendlicher konnte ich das teilweise nicht nachvollziehen. Wenn ich so hörte, welchen Kontakt die Eltern meiner Freunde zu anderen Menschen hatten, hatte ich das Gefühl meine Eltern wären eher Einsiedler. Menschen die lieber unter sich bleiben wollen. Ausgelöst durch den Beruf, beziehungsweise durch die Einstellung meines Vaters.

Er war schon sehr speziell. Meine Mutter kannte ihn ja nicht anders. Sie hatte im Laufe der Jahre gelernt damit umzugehen. Und Stammkunde in Nobelboutiquen und Luxushotels zu sein war jetzt ja auch nicht gerade unangenehm. Nicht dass Sie denken, dass meine Mutter eine solch materialistische Frau wäre. Keineswegs. Aber wenn die Möglichkeit besteht ... na Sie wissen schon.

Und wie gesagt, mein Vater hat alles dafür getan, dass es meiner Mutter gut ging. Und das Schöne an der ganzen Situation war ja, das erkennt man rückblickend erst so richtig, dass er beziehungsweise sie beide zusammen sich alles hart erarbeitet haben. Denn nicht nur mein Vater war dann irgendwann selbständiger Trainer, sondern auch meine Mutter wurde selbständige Unternehmerin. Sie unterstützte meinen Vater im Büro. Sie entwarf Trainingsunterlagen, entwickelte mit ihm zusammen Konzepte, plante die Reisen und vieles vieles mehr.

Aus der Ehe wurde im Laufe der Zeit auch eine erfolgreiche Zusammenarbeit. Und dieser Schritt vom häufigen allein sein, hin zum 24 Stunden Beisammensein, also privat und beruflich, war nun wahrlich auch nicht immer so einfach. Aber wie sagt man so schön? Man wächst mit seinen Aufgaben. Und genau das war auch bei den beiden der Fall.

Sie wuchsen auch immer mehr zusammen und unternahmen auch immer mehr miteinander. Ich weiß noch, dass beide eines Tages Mitglieder in einem Karnevalsverein wurden. Also, wer meinen Vater kannte, der wird sich das nur schwer vorstellen können. Aber tatsächlich. Sie besuchten Sitzungen, nahmen an Veranstaltungen teil. Helau!

So gab es also, je älter beide wurden, immer mehr Gemeinsamkeiten, die sie zusammenschweißten.

Aber irgendwie merke ich gerade, dass es mir doch recht schwer fällt, über ihn als Ehemann zu schreiben. Ist ja auch aus meiner Sicht nicht so einfach. Deshalb würde ich gern an dieser Stelle enden mit den bereits erwähnten Daten:

Im August 2018 wäre ihr 49. Hochzeitstag gewesen. Das sagt doch eigentlich alles, oder?

Vater

Stellen Sie sich doch bitte mal einen blonden, schlaksigen langen Lulatsch vor. Haben Sie ein Bild vor Augen? Na prima, das bin dann mal ich. Warum ich jetzt von mir anfange, obwohl es doch in diesem Buch um meinen Vater geht? Na, weil es erstens viele Parallelen zu meinem Vater gibt und wenn man vom Vater schreibt, muss es ja auch um Kinder gehen. In diesem Fall also um mich. Okay, es geht natürlich um uns beide.

Auch hier fällt mir rückblickend auf, dass es sehr viele Gemeinsamkeiten bereits in der Kindheit gibt. Durch die vielen Umzüge meiner Eltern, war ich immer der NEUE in der Schule. Ich wurde immer schön vor der neuen Klasse drapiert: *„Das ist unser neuer Schüler, Ralph Schaper. Setz Dich mal da drüben hin."*

Und an eines kann ich mich noch besonders gut erinnern. Nein, nicht an den Lehrstoff. Aber an die Blicke der anderen Kinder. Diese Blicke, die dir sagten: *Schon wieder ein neuer. Wie sieht der denn aus, dieser lange Lulatsch!*

Und es ließ nicht lange auf sich warten, bis es zur ersten Keilerei kam. Die größeren oder sagen wir besser älteren Jungen wollten mir gebührlich guten Tag sagen.

Und das war kein herzliches Willkommen, Nein, das war eher ein, wer bist du denn und was willst du hier? Und nur so als Randnotiz, ich war mit jungen Jahren schon fast zwei Meter groß. Also so eine richtige Bohnenstange. Und deshalb musste ich mich genauso durchsetzen, wie es mein Vater in jungen Jahren auch musste. Allerdings habe ich, soweit ich mich erinnern kann, zuhause nie wirklich ausführlich über meine Situation in der Schule oder über meine Gefühlswelt gesprochen.

In jungen Jahren war natürlich mein Vater mein Vorbild. Er war erfolgreich, hatte sich vom langen Schlacks zum durchtrainierten, muskulösen und erfolgreichen Mann entwickelt. Das wollte ich auch mal schaffen. So denke ich zumindest heute, dass mein Unterbewusstsein das damals auch wollte.

Sonntagsmorgens, nach dem Frühstück und nach dem Zeitunglesen, war bei uns immer „Kampftag". Nicht was Sie jetzt denken. Mein Vater lass im Bett immer seine Zeitung und wenn er fertig war, dann kam ich zu ihm und wir „kämpften". Hört sich irgendwie komisch an, wenn ich gerade so darüber schreibe. Habe ich in dieser Form auch noch niemandem erzählt. Wir kämpften, rangelten und der „kleine" Sohn versuchte den großen Vater zu besiegen. Alles nur aus Spaß, das ist klar.

Worauf wollte ich jetzt eigentlich hinaus? Ach ja, Vorbild. Ich wollte auch so stark sein wie er es war. Ich wollte mich nicht mehr von meinen Mitschülern verhauen lassen. Er hat mich allerdings nie gelehrt zurückzuschlagen oder gar noch der erste zu sein, der austeilt. Er hat sich diesbezüglich mit Ratschlägen eher zurückgehalten. So weit ich mich überhaupt noch erinnern kann. Ist ja gar nicht so einfach, die Vergangenheit so detailliert noch mal aufleben zu lassen.

Aber irgendwo im Langzeitgedächtnis sind doch noch ganz schön viele Sachen abgespeichert.

Möglicherweise hat mir seine Strenge aber den entscheidenden Hinweis oder Anreiz gegeben, mich anders oder besser gesagt, selbstbewusster zu verhalten. Was gegenüber den Mitschülern nach und nach auch funktionierte, aber gegenüber meinen Lehrern oftmals nach hinten losging. Ich sage nur „Tadel" oder wie es damals hieß „blauer Brief".

Und dann war das Donnerwetter zuhause richtig groß. Dann kam der harte und strenge Trainer zum Vorschein. Ich habe ihn zwar nicht viel gesehen, aber wenn, dann oftmals zu keinem guten Anlass. Als Kind hat man auch mal Angst vor seinen Eltern. Nicht vor Schlägen oder so etwas. Das gab es bei uns nie. Aber vor der Härte des Gesetzes. Denn was mein Vater sagte, war Gesetz.

Und natürlich versuchte ich, als junger unerfahrener Draufgänger, zu rebellieren. Mich dagegen zu wehren, meinen eigenen Dickkopf durchzusetzen. Was unterm Strich aber alles nur noch schlimmer machte.

Das Ganze wie bereits am Anfang erwähnt, immer mit dem Zusatz: *„Du wirst uns später noch dankbar sein!"*

Ja klar. Natürlich. Ich werde euch dankbar sein, dass ich nicht zu meinen Freunden raus durfte. Das ich lieber auf meinem Zimmer sitzen und Hausaufgaben oder Strafarbeiten machen musste. Dass ich kein neues BMX-Rad bekommen habe. Das ich nicht die neuesten Spielzeuge hatte. Dafür werde ich euch dankbar sein. Von wegen.

Okay, für vieles bin ich auch rückblickend nicht wirklich dankbar. Aber für den größten Teil schon. *„Danke liebe Eltern!"* Auch wenn ich Euch das so noch nie gesagt habe. Meinem Vater kann ich es jetzt leider nicht mehr sagen, aber ich denke er wusste es trotzdem. Er hat es mit Sicherheit gespürt. Und keine Angst, ich fange jetzt nicht an von wegen, der sieht jetzt von oben zu und bekommt das alles mit. So ein Quatsch.

Dankbar bin ich auf jeden Fall dafür, dass ich Dinge zu schätzen weiß. Nichts im Leben ist selbstverständlich.

Man muss sich alles hart erarbeiten. Also der Normalo zumindest. Und zu denen zähle ich uns nun mal.

Seine ganze Art und Weise, der Umgang mit mir, die Geradlinigkeit und Konsequenz, sind glaube ich das, was mich am meisten geprägt hat. Bis hin zu dem Punkt, dass ich beruflich das mache, was er auch gemacht hat, nämlich Trainer zu sein. Mit Leib und Seele diesen Beruf auszuüben.

Bis es dazu kam war es aber ein langer und steiniger Weg. Und ein harter Weg. Denn von dem eigenen Vater ausgebildet zu werden, das war nicht immer einfach. Aber da musste ich durch.

Er hatte, so denke ich heute, schon immer einen Plan mit mir. Vielleicht nicht bewusst, aber unbewusst mit Sicherheit schon. Dass ich irgendwann mal in seine Fußstapfen treten würde und mit ihm gemeinsam oder später allein erfolgreich diesen Beruf ausüben würde.

Und so kam es dann auch. Nach einer kaufmännischen Ausbildung und verschiedenen Stationen im Vertrieb, stellte mein Vater mir irgendwann die Frage, ob ich mir vorstellen könnte, den Beruf des Trainers auszuüben.

Und was soll ich Ihnen sagen, mir gingen tausend Gedanken durch den Kopf.

Will ich das machen? Bin ich dafür geeignet? Bin ich schon bereit für diesen Schritt? Kann ich das überhaupt? Mich vor fremde Menschen stellen und ihnen Trainingsinhalte präsentieren?

Und wird das funktionieren, dass ich bei meinem Vater sozusagen in die Lehre gehe? Er, der strenge Trainer und ich, der noch relativ unerfahrene junge Mann? Kann das überhaupt klappen?

Auf der anderen Seite habe ich mir gedacht, wenn er mir diese Frage stellt, wird er eine klare Vorstellung davon haben, was er mir beibringen kann und dass ich das Erlernte auch umsetzen werde.

Letztendlich habe ich gesagt, dass ich mir alles vorstellen kann und dass ich alles dafür tun würde, um zu lernen. Denn das war jetzt eine ganz neue Situation. Du erarbeitest etwas, was für dich ist. Du machst es für dich. Nicht für eine Firma und deren Produkte oder Dienstleistungen. Natürlich macht man es auch für seinen Vater, das ist klar. Es entsteht ja schließlich auch, wenn es funktioniert, eine Art Familienunternehmen. Was gleichzeitig und das wurde mir erst im Nachhinein so richtig bewusst, auch eine sehr große Verantwortung für mich beinhaltete.

Wenn das ganze Projekt aus irgendeinem Grund scheitern sollte, dann hätte das gravierende Auswirkungen.

Nicht nur für uns alle persönlich, sondern auch für den Ruf und den Namen meines Vaters, den er sich in den letzten 20 Jahren aufgebaut hatte.

Aber wie gesagt, wenn er nicht an mich glauben würde, dann hätte er mir das niemals angeboten. Und so kam es dann auch, dass ich zusagte. Die härteste Ausbildung meines Lebens begann. Und für meinen Vater wahrscheinlich auch eine der spannendsten Zeiten, die mit dem Start der Zusammenarbeit ins Leben gerufen wurde.

Was glauben Sie denn, wie diese gemeinsame, sehr intensive Zeit verlaufen ist? Wenn Sie sich vorstellen, Sie müssten bei Ihrem Vater in die Lehre gehen, wie wäre das bei Ihnen abgelaufen?

Es war natürlich nicht einfach. Es war eine harte Schule. Aber es war nie unfair. Es war immer einem Ziel geschuldet. Nämlich den Beruf des Trainers annähernd so zu erlernen, wie er ihn damals selbst erlernt hatte und die Trainings dann hinterher so zu transportieren, dass das Grundkonzept in seinem Sinner umgesetzt wird. Natürlich mit meinen eigenen individuellen Verhaltensweisen, das ist klar.

Denn das, was er auch jedem Trainingsteilnehmer am ersten Tag gesagt hatte, das hatte er mir auch gesagt:

„Du sollst Individualist bleiben so wie Du es heute bist!"

Das ist eine enorm wichtige Voraussetzung für die Basis mit den Teilnehmern, aber auch für meine Ausbildung gewesen.

Ich kann mich noch gut erinnern als wenn es gestern wäre. Der erste Tag. Es ging los. Inhalte lernen. Drehbücher lesen. Texte verstehen. Hintergründe besprechen. Viel zuhören, mitschreiben und versuchen zu verinnerlichen.

Ich wurde in alle Inhalte, in Telefonate mit Bestands- oder Neukunden involviert. Also im Sinne eines Zuhörers. Wir analysierten im Anschluss diese Telefonate. Wir entschieden gemeinsam, was der nächste Schritt sein sollte. Er nahm mich als Beobachter mit zu seinen eigenen Trainings. Er finanzierte meine komplette Ausbildung, indem er mir eine Art Gehalt zahlte, die Reisekosten komplett übernahm und vieles mehr.

Es war für ihn eine zeitlich und finanziell sehr große Investition. Und keiner wusste, ob sich das alles jemals auszahlen würde. Aber wie sagt man so schön? Wenn man es nicht ausprobiert, kann man auch nicht erfahren, ob es hinterher funktioniert!

Ob ich zwischendurch mal hinschmeißen wollte?

So weit ich mich erinnere, nein. Natürlich war es nicht immer leicht mit uns beiden. Wie gesagt, es war die härteste Schule, die man erleben konnte. Aber je mehr ich von ihm erfuhr, desto mehr war meine Neugier geweckt. Die Neugier, ob ich das eines Tages auch mal in dieser Art und Weise würde transportieren können.

In solchen Momenten fällt mir wieder ein, wie wir ein Trainingsszenario nachgespielt hatten. Ein Raum des Hauses wurde so umfunktioniert, dass wir annähernd ähnliche Gegebenheiten hatten, wie es in einem normalen Schulungsraum der Fall gewesen wäre.

Und dann hieß es: *„So, ich bin jetzt einer der Teilnehmer, mach mal. Fang mal an."*

Und was passierte? Ich nahm alle meine Gedanken, meine erlernten Inhalte, die psychologischen Hintergründe zusammen und legte los.

Ob ich nervös und aufgeregt war? Natürlich. Die ganze Situation war nicht real. Alles war gestellt. Und ich wurde vorne hingestellt und sollte einfach mal loslegen. Und mein Vater saß mir erwartungsvoll gegenüber. Ich weiß gar nicht mehr, ob ich in diesem Moment Angst hatte? Angst zu versagen oder etwas falsch zu machen. Wie würde er reagieren, wenn ich jetzt an dieser Stelle all das Erlernte vergessen hätte?

Wie streng würde er dann mit mir sein? Und ich darf Ihnen sagen, es lief beim ersten Mal nicht alles rund. Aber sind wir doch mal ganz realistisch, wo und bei wem läuft zu Beginn einer neuen Herausforderung direkt alles einwandfrei?

Hat nicht jeder die Erfahrungen gemacht, dass man alles was man neu beginnt auch erst mal sprichwörtlich in den Sand setzt. Dass man gegen die Wand läuft oder ins offene Messer rennt? Das ist doch ganz normal. Es ist noch kein Meister vom Himmel gefallen.

Und hier, bei der ersten „Präsentation" vor meinem Vater war es genau das gleiche. Es lief nun wirklich nicht alles rund. Aber das war abzusehen. Seine Worte waren immer:

„Wichtig ist, es einfach zu machen. Nicht zu sagen, ich kann das nicht. Einfach tun. Aus Fehlern kann man lernen. Wenn Du keine Fehler machen würdest, wärst Du der perfekte Trainer und den gibt es nicht."

Und was das heißen würde, beziehungsweise was sich dahinter verbürgt, das würde ich in einigen Jahren noch erleben.

Letztendlich hieß es für mich üben, üben und üben. Immer wieder die Inhalte vor ihm zu präsentieren, bis sie wirklich saßen.

Aber es ging nicht nur um die Inhalte und deren Hintergründe. Es ging vor allem auch um die Art und Weise wie ich etwas präsentierte. Oder sagen wir besser, wie ich mich präsentierte. Es ging um die Wirkung, die Körpersprache, den Eindruck, den man bei seinem Gegenüber damit hinterlässt.

Genau das konnte ich bei ihm live erleben. Nach jedem Trainingstag, an dem ich ihn beobachten konnte, sollte ich wie jeder andere Teilnehmer einen Tagesrückblick ausfüllen. Darin enthalten auch, was mich besonders beeindruckt hat und welchen Verbesserungsvorschlag ich hätte.

Und genau das tat ich auch. Ganz offen und ehrlich. Auch wenn es wahrlich nicht viel gab, was ich zu kritisieren gehabt hätte. Vielmehr waren es Fragen, die in mir aufkamen.

„Warum hast Du das so gemacht?"

„Wieso hast Du in der Situation so und nicht anders reagiert?"

„Was hast Du mit Deiner Verhaltensweise bezweckt?"

Und natürlich noch viele Fragen mehr. Und eben diese Fragen oder besser gesagt, seine Antworten haben mich weitergebracht.

Nichts, was er während eines Trainings getan hat, war zufällig. Hinter jeder Handlung, hinter jeder Geste und hinter jedem Blick war ein ganz bestimmter Gedanke, der ihn antrieb. Und langsam begann ich zu verstehen, warum er sich auch privat in vielen Situationen so verhalten hat, wie er es getan hat. Er hatte seine Trainingsinhalte und die Erkenntnisse daraus natürlich auch ins Privatleben transportiert. Und deshalb wurde mir dann so einiges klar. Jetzt, mit fortlaufender Teilnahme und Rücksprache mit ihm, wurde mir immer mehr bewusst, warum er war wie er war. Er lebte seine Trainingsinhalte und seine Erfahrungen. Und das war auch gut so. Denn warum sollte man sich als Trainer verstellen? Warum im privaten die Dinge anders angehen, als man es im Training machen würde? Dann wäre ja eins von beidem nicht echt, dann wäre es aufgesetzt. Und was aufgesetzt wäre, würde unendlich viel Kraft kosten und irgendwann wäre man nicht mehr in der Lage die Maske aufrecht zu erhalten.

An dieser Stelle frage ich mich gerade, ob ich denn nicht auch etwas anderes über meinen Vater berichten könnte. Muss es mein Werdegang verbunden mit seiner Ausbildung sein? Ist ein Vater nicht mehr, als nur ein Lehrer?

Mit Sicherheit ist er das oder sollte das sein.

Aus irgendeinem Grund habe ich aber diese Bilder von unserer gemeinsamen „Reise" in das Trainerleben am besten vor Augen.

Heißt das in diesem Fall, dass es nichts anderes gab über das ich hier berichten könnte? Das er sonst eher ein schlechter Vater gewesen ist? Nein, das war er auf gar keinen Fall. Und ja, es gibt auch andere Situationen, die ich Ihnen erzählen könnte, aber vielleicht möchte ich das gar nicht. Vielleicht möchte ich ihn so in Erinnerung behalten, wie ich es gerade hier beschreibe.

Umso mehr merke ich, dass dieses Buch wohl auch eine Art der Verarbeitung für mich ist. Denn wie eingangs erwähnt, er ist sehr überraschend und sehr schnell verstorben. Vieles was man ihm hätte vielleicht noch sagen wollen, wo man ihn hätte dran teilhaben lassen wollen, das war gar nicht mehr möglich. Gefühlt von heute auf morgen war alles vorbei. Er war weg.

Und da waren wir auf einmal ganz allein. Also eher gesagt war meine Mutter ganz allein. Ich hatte ja noch meine Frau. Und klar, meine Mutter hatte mich. Aber dennoch war sie allein. Wir wurden einfach so von ihm verlassen. Gefühlt hat er uns im Stich gelassen. Wie sollen wir das denn jetzt alles ohne ihn machen?

Wie sollte für meine Mutter das Leben jetzt weitergehen? Kein Freundeskreis, kein Kontakt mehr zum Rest der Familie. Da war er auf einmal weg der „harte Hund". So schnell geht das. Und was bleibt sind die Gedanken, die Erinnerungen, die Kleidung die akkurat im Schrank hängt, die Fotos von ihm, die im Haus verteilt sind. Der Platz auf dem er immer saß. Und für mich die ganzen von ihm erlernten Trainingsinhalte. Die Aufzeichnungen und Notizen zu bestimmten Inhalten. Die vielen Drehbücher, die von ihm erstellten Arbeits- und Merkblätter. All das blieb.

Der erste Trainingstag nachdem er uns verlassen hatte, war 3 Wochen später. Ich hatte ein sehr mulmiges Gefühl an diesem Morgen. Auf der Fahrt zum Hotel, während des Gangs zum Schulungsraum, bei der Positionierung der ganzen Unterlagen war es völlig surreal. Tausend Gedanken gingen mir durch den Kopf. Nicht nur über ihn. Sondern auch bezüglich meiner Mutter. Wie wird sie mit der ganzen Situation klarkommen?

Und dann auf einmal waren all diese Gedanken weg. Wieso? Der erste Trainingsteilnehmer stand in der Tür und schon schaltete mein Gehirn auf Autopiloten. *Jetzt musst Du funktionieren. Also volle Konzentration auf die Menschen und auf das Training.*

Gesagt getan. Und es funktionierte. Ich funktionierte. Genau das hätte er auch so gewollt. Genauso hat er mich ausgebildet. Volle Konzentration auf das hier und jetzt. Natürlich hatte ich während des kompletten Tages immer wieder Gedanken, die ihn betrafen. Das ist doch nur normal. Alles andere wäre ja auch unmenschlich. Wahrscheinlich hat dieser Trainingstag auch deshalb funktioniert, weil ich mittlerweile selbst seit über 20 Jahren diesen Beruf des Trainers ausübe.

Wäre das alles in meiner Anfangszeit passiert, hätte ich den Tag wahrscheinlich abgesagt oder verschoben. Aber irgendwie saß er jetzt doch bei mir. Da vorn rechts, erster Platz. Dort wo er während meiner Ausbildung saß und mich beobachtet hatte. Denn genauso, wie ich bei ihm Beobachter war, war er das natürlich bei mir auch. Und im Unterbewusstsein war auch heute wieder da. Denn alles erinnerte an ihn. Und diese Erinnerungen werden immer bleiben.

Blicken wir nochmal zurück auf das Leben, dass er als Ehemann und Vater geführt hat, bevor wir uns den Trainer Norbert Schaper einmal genauer anschauen.

Wie erwähnt war er ein Freund von schnellen und exklusiven Autos. Schon als ich noch ein Kind war, kam er eines Abends mit dem ersten Porsche nach Hause. Ich kann mich noch daran erinnern als wenn es gestern gewesen wäre.

Wir hörten nur ein lautes Brummen, das Aufheulen eines starken Motors und sahen ihn in seinem grasgrünen Porsche die Einfahrt hochfahren. Ich lief wie von der Tarantel gestochen vom Fenster zur Wohnungstür, sprintete zur Garage und staunte mit großen Augen.

Wow, das war mal ein Auto. So was will ich später auch mal haben. Stark, sportlich, schnell. Voller Kraft und Energie. Und auch jetzt wird mir wieder eines klar. Der Wagen war genauso wie er. Oder er war so wie sein Wagen. Wie auch immer. Das passte. So schloss sich der Kreis. Wer hart arbeitet, der hatte es auch verdient, sich etwas Besonderes zu gönnen.

Aber es durfte auch wiederum nicht zu protzig sein. Nicht zu auffällig oder extravagant. Es sollte etwas hermachen, aber trotzdem noch eine gewisse Art von Understatement haben. Jetzt werden Sie vielleicht sagen, wie kann ein Porsche Understatement haben? Doch, das geht. Es kommt immer auf das Modell an, welches man fährt. Auch das musste ich erst mal von meinem Vater lernen.

Kommst Du mit einem fetten Porsche Turbo um die Ecke, denken viele, was für ein Angeber. Fährst Du aber ein Fahrzeug, dass viele Menschen bewundern, dann löst das eine ganz andere Wirkung aus.

Und so war es für ihn mit vielen Dingen im Leben. Apropos im Leben. An dieser Stelle wäre zu erwähnen, dass er das Leben auch wirklich gelebt und genossen hat. Er hat so oft zu meiner Mutter gesagt:

„Wer weiß schon was später ist. Wir leben im hier und jetzt. Lass es uns genießen!"

Und genau das hat er, haben sie auch getan. Was nützt es dir, wenn du immer nur sparst, alles für später zurücklegst und dann, wenn es so weit wäre, das Leben zu genießen, dann passiert was so vielen Menschen passiert. Deshalb, rückblickend war es exakt das richtige, es so getan zu haben.

Die Autos, die vielen Reisen, das Haus auf Mallorca, die Tage auf dem Golfplatz, die exquisiten Restaurants, die erlesenen Weine, die maßgefertigten Anzüge und Hemden, die besten Schuhe, die teuren Uhren. Alles war aus seiner Sicht genau das richtige.

Außenstehende betrachten das möglichweise ganz anders. Aber eines weiß ich ganz genau. Wenn er die Möglichkeit hätte, sein Leben noch einmal zu leben, er würde es genauso wieder tun. Natürlich ohne die Krankheiten und ohne den zu frühen Tod. Aber so ist das nun mal im Leben, wir können auf viele Dinge Einfluss nehmen, aber bei manchen Sachen sind wir einfach machtlos.

Ich würde Ihnen aber gern an dieser Stelle doch noch ein paar private Einblicke gewähren, damit Sie sich ein detailliertes Bild von ihm machen können.

Viele der positiven Gedanken meinen Vater betreffend verbinde ich mit Urlaub und Ferien. Ich weiß noch, dass wir früher sehr häufig an die See gefahren sind. Nordsee und Ostsee. Ich kann mich noch an Sandburgen erinnern, die wir gemeinsam gebaut haben. Einen kompletten Wassergraben haben wir um unseren Strandkorb gebaut. Es sind schöne Erinnerungen, die bruchstückweise noch in meinem Gedächtnis vorhanden sind.

Was natürlich dazu beigetragen hat, dass diese Erinnerungen wieder präsenter sind, ist der Blick auf alte Fotos. Meine Mutter und ich saßen am Esstisch und haben uns alte Fotos angesehen. Viele dieser Bilder hatten etwas mit Urlaub zu tun.

Allerdings habe ich auch noch ganz genaue Bilder vor Augen, aus der Zeit als ich schon älter war. Ein prägendes Beispiel ist seine Einladung zu seinem 50. Geburtstag gewesen. Nicht einfach nur bei ihnen zu Hause. Nein, zum 50. musste etwas Besonderes her. Und so hat er meine Frau und mich kurzerhand für drei Tage nach Mallorca eingeladen. Flug, Hotel und alles was dazu gehört, hat er übernommen.

Und das war mal ein Hotel vom allerfeinsten. Direkt am Golfplatz gelegen, toller Pool, hervorragende Zimmer und exzellenter Service. Fast schon ein bisschen zu viel für unsere damaligen Verhältnisse. Wir waren zu der Zeit schon mit einem guten Mittelklassehotel zufrieden.

Aber es war ja auch ein besonderer Anlass. Auch hier hat sich wieder gezeigt, wer hart arbeitet und erfolgreich ist, der kann und der soll sich auch was gönnen. Man weiß nie, was das Leben so bringt. Das war seine Devise. Und er wusste damals noch nicht, wie Recht er damit haben würde.

Je mehr ich darüber nachdenke, desto mehr Urlaubsanekdoten fallen mir ein. Auf Mallorca waren wir auch schon, als ich noch ein kleiner Junge war. Ich erinnere mich, dass meine Eltern in einem Hotel drei Mal das Zimmer gewechselt hatten. Irgendwas war nicht in Ordnung. Entweder funktionierte etwas nicht, es war zu laut, weil das Zimmer direkt über der Küche war oder es war zu nah am Aufzug.

Damals habe ich das alles nicht verstanden. Heute bin ich genauso. Wenn ich geschäftlich ein Zimmer buche, dann sage ich direkt dazu, dass es ein ruhiges Zimmer, weit weg vom Aufzug sein soll. So adaptiert man im Laufe der Zeit die ein oder andere Sache.

Es waren schöne Zeiten damals. Wir hatten als Familie Zeit füreinander. Mein Vater konnte sich von seinem beruflichen Stress erholen. Wir konnten alle eine schöne Zeit verbringen. Ich weiß noch, dass ich damals für ihn immer die Tageszeitung von der Rezeption holen durfte. Ja genau, damals hat man noch Zeitung gelesen, da gab es noch keine Handys. Oder zumindest hat man sie zu der Zeit noch nicht mit in den Urlaub genommen. Waren das schöne Zeiten.

Mein Vater war übrigens nie ein Freund dieser modernen Technik. Nicht, dass er sie nicht als zum Teil nützlich und sinnvoll ansah, sondern eher deshalb, weil sie die Menschen zwang, immer und überall erreichbar zu sein.

Keiner seiner Kunden hat im Laufe seiner Tätigkeit seine Handynummer bekommen. Oft wurde er danach gefragt, nie hat er sie rausgegeben. Konsequent in allen Belangen des Lebens. So war er nun mal.

Ein anderes Beispiel fällt mir auch noch gerade ein. Wir waren mal über den Jahreswechsel in Garmisch-Partenkirchen. Mir kommen gerade so viele Bilder in den Kopf, von verschneiten Straßen, der Skisprungschanze und von Schneeballschlachten, die ich gegen meinen Vater geführt hatte.

Es ist doch erstaunlich, welche Erinnerungen in einem schlummern. Man muss sie nur wieder aktivieren. Leider hier durch einen weniger schönen Anlass.

Und je länger ich nachdenken würde, desto mehr Situationen würden mir sicherlich einfallen. Ich denke aber, dass Sie einen ganz guten Eindruck bekommen haben, wie er als Vater so war. Und ich habe rückblickend selbst das Gefühl, dass ich eine schöne Kindheit hatte, in der ich mich sicher und geborgen fühlte. Was natürlich ein Verdienst meiner Eltern als Einheit ist.

Wie eingangs schon erwähnt, hat mein Vater sein Leben versucht so zu leben, dass man es auch leben nennen kann. Und das war für ihn und für uns alle schon ein großes Privileg. Denn er erzählte oft genug, dass man das alles auch wirklich schätzen muss. Andere Menschen waren nicht in der Lage, in der er sich befand. Und diese Einstellung hielt ihn immer ganz fest auf dem Boden. Er war nie abgehoben. Er stand nie über den Dingen oder sah auf andere herab. Er war sich immer bewusst, dass diese Zeiten auch ganz schnell wieder vorbei sein könnten. Dazu passt auch, dass er nie etwas geschenkt bekommen hat. Er hat sich alles hart erarbeiteten müssen.

Wie heißt noch so schön einer unserer Leitsätze im Training?

„Erfolg ist frei-willig!"

Bewusst mit Bindestrich geschrieben. Denn jeder Mensch ist selbst dafür verantwortlich inwieweit er erfolgreich wird. Die Frage ist, was ist er bereit dafür zu tun? Wenn er darauf wartet, dass andere dafür sorgen, dass er erfolgreich wird, dann kann er lange warten, denn das wird nicht passieren. Aber, es ist nie zu spät, damit zu beginnen, sich konsequent erfolgsversprechend zu verhalten!

Das war seine Prämisse. Danach hat er gelebt. Und so hat er jeden Tag aufs Neue versucht sein Glück selbst in die Hand zu nehmen. Die Macht der positiven Gedanken, der Ziel und Wünsche, die waren es, die ihn immer wieder angetrieben haben. Nur leider ist man für Dinge, die von außen auf einen zukommen leider oftmals machtlos.

Trainer

Machtlos war Norbert Schaper nie. Zumindest nicht als Trainer. Er verfügte über eine ungeheure Macht. Er ließ diese auch den ein oder anderen Teilnehmer spüren. Allerdings immer nur zu dessen Wohl, auch wenn der Teilnehmer das in dem Moment oft anders sah. Aber mein Vater wusste um seine Macht. Er wusste um sein Selbstbewusstsein und seine Stärke, die er ausstrahlte. Er wirkte. Wenn er den Raum betrat, in seinem maßgeschneiderten Anzug, mit den teuren Schuhen und der sündhaft teuren Uhr am Handgelenk, dann hatte er eine ganz besondere Wirkung.

Nicht protzig. Es war nie zu viel. Es war immer alles genau auf einander abgestimmt. Die Schuhe, der Anzug. Es war immer dezent und elegant. Die Uhr war nie zu auffällig. Niemals wäre er mit einer dicken Rolex am Arm in ein Training gegangen. Mal ganz abgesehen davon, dass er solch eine Uhr nie besessen hat. Nein, für ihn war auch hier Understatement wichtig. Die Uhr war teuer aber unauffällig. Nur Menschen, die sich damit auskannten, wussten was er da so mit sich rumtrug. Nur Kenner erkannten die Qualität seines Anzugs. Und diese Qualität kam nicht von ungefähr.

Denn genauso hochwertig, wie seine Kleidung und seine Accessoires waren, genauso hochwertig war sein Training und die Qualität seiner Durchführung.

Ein wesentlicher Bestandteil seiner Wirkung war, dass er jeden Menschen gleich behandelte. Es gab für ihn keinen Unterschied zwischen Innendienstmitarbeiter, Vertriebsleiter, Geschäftsführer oder Vorstand. Warum auch? Alles nur Menschen. Menschen mit unterschiedlichen Werdegängen und Lebensläufen, mit verschiedenen Aufgaben und Einstellungen, Menschen mit mehr oder weniger Verantwortung, aber unterm Strich sind sie alle Menschen.

Und damit konnten manche Teilnehmer nicht umgehen. Sie haben meinen Vater verflucht. Sie haben geschimpft, über das was und wie sie es machen mussten. Sie haben es gehasst, wie er sie vor versammelter Mannschaft hinsichtlich ihrer Kleidung und der damit verbundenen Wirkung regelrecht auseinandergenommen hat.

Natürlich gibt es in solchen Situationen immer zwei Meinungen. Jeder hat das Recht auf seine eigene Meinung. Aber in diesem Training gab es nur einen, der das Sagen hatte, nämlich Norbert Schaper.

Viele Teilnehmer wollten mit ihm diskutieren. So nach dem Motto: *„Das geht so in der Praxis nicht!"*

„Das kann man so bei unseren Kunden so nicht machen!"

Daraufhin stellte er ihnen die Frage, *ob sie es denn so in dieser Art und Weise schon einmal ausprobiert hätten.* Die Antwort war abzusehen: *„Nein. Aber das geht bei uns nicht!"*

„Wie wollen Sie denn wissen, ob etwas funktioniert, wenn Sie es noch nie ausprobiert haben?"

„Deshalb gibt es an dieser Stelle nur eine Möglichkeit. Sie nehmen dieses „Werkzeug" mit in Ihren Koffer, wenden es bewusst in der Praxis an und berichten uns am nächsten Trainingstag über Ihre Erfahrungen."

Ende der Diskussion. Wenn ein Teilnehmer sich weiterhin querstellte, dann hat er dieses Gespräch nie vor der ganzen Gruppe fortgeführt, sondern immer den Dialog in der Pause vereinbart.

Wollen Sie wissen, wie dieses Gespräch dann verlaufen ist? Na klar wollen Sie das wissen.

Er schnappte sich diesen Teilnehmer und stellte ihm eine ganz wichtige Frage:

„Herr XY, Sie haben zu Beginn unseres Trainings gesagt, Sie sind bereit zu lernen. Ist das weiterhin der Fall?"

Der Teilnehmer will gerade so sinngemäß mit *„ja, aber...“* antworten, dann geht das Gespräch durch meinen Vater allerdings schon weiter:

„Dann gibt es jetzt zwei Möglichkeiten: Entweder Sie nehmen das was wir hier erarbeiten an, probieren es aus und sammeln damit konkrete Erfahrungen oder Sie gehen zu Ihrem Chef, sagen ihm Sie brauchen das Ganze hier nicht und er möge Sie von diesem Training befreien!“

Was glauben Sie wie die Reaktion der meisten Teilnehmer an dieser Stelle war? Zähneknirschend haben sie kleinbeigegeben und es akzeptiert.

Es ging übrigens an dieser Stelle nie darum erster Sieger zu sein oder den anderen mundtot zu machen. Sondern nur darum Menschen wachzurütteln, ihnen aufzuzeigen welche Möglichkeiten es gibt, welche anderen Verhaltensweisen einem neue Türen öffnen können. Denn ganz im Gegenteil, mein Vater wollte Teilnehmer, die Fragen stellen, die Dinge hinterfragen. Aber im positiven Sinne. Nicht, warum es nicht geht, sondern warum etwas vielleicht doch funktionieren könnte. Darum geht es doch, wenn Menschen sich im positiven Sinne verändern wollen.

Die Entscheidung für diesen Veränderungsprozess trifft aber immer nur der Beteiligte selbst.

Mein Vater, als Trainer noch so gut und versiert, kann in solchen Momenten nur den Anstoß oder den Anreiz geben, Dinge mit in den „Werkzeugkoffer" zu nehmen und in der Praxis über seinen eigenen Schatten zu springen und diese Werkzeuge ganz bewusst anzuwenden.

Wie hat er immer so schön in meiner Ausbildung gesagt: *„Mein Sohn, wir können andere nicht überzeugen, wir können ihnen nur helfen, sich selbst davon zu überzeugen!"*

Und an diesem Satz ist so viel Wahres dran. Denn wir alle kennen doch diese Momente, in denen jemand auf uns zukommt und uns von einer bestimmten Sache überzeugen möchte. Sind wir dann aufgeschlossen oder eher verschlossen?

Verschlossen. Weil wir innerhalb kürzester Zeit unsere Meinung oder Einstellung ändern sollen. Und das wollen wir doch oftmals gar nicht. Und schon entsteht eine Diskussion oder gar Konfrontation.

Aber es gibt Menschen, die wollen einfach unheimlich gerne diskutieren, die sind der Meinung, dass sie eine Diskussion weiterbringen würde. Wie sieht es denn in der Praxis aus? Wenn wir irgendwo mit irgendwem über irgendetwas diskutiert haben – wie sind wir dann aus dieser Diskussion herausgegangen?

Mit einem Lächeln im Gesicht? Oder etwa mit einem positiven Gefühl? Oder hat uns unser Unterbewusstsein womöglich gesagt: *„Was für ein Idiot. Der ist aber auch keinen Zentimeter von seiner Meinung abgerückt!"*

Und was ist das Resultat aus dieser Diskussion? Beide beharren auf ihrer Meinung und man vertagt das Ganze auf einen neuen Termin. Und dann geht die ganze Sache wieder von vorn los.

Zurück zu diesem Teilnehmer, der mit der Faust in der Tasche meinem Vater zugestimmt hat. Der sitzt ja da in diesem Training und spürt die Blicke der anderen Teilnehmer. Die beobachten jetzt natürlich ganz genau, wie er sich weiter verhalten wird. Und jetzt gibt es zwei Arten von Menschen. Die einen akzeptieren die Herangehensweise und sind bereit sich einzufügen. Die anderen hingegen können nicht aus ihrer Haut. Bei der nächsten Gelegenheit, die sich ihnen bietet, holen sie wieder die Messer raus. Und Attacke, auf in den Kampf. Schießen gegen den Trainer ist das erklärte Ziel.

Vielleicht wollen diese Menschen, in diesem Fall Teilnehmer, auch nur mal testen, wie weit sie gehen können. Auch einfach mal den Trainer testen, wie konsequent dieser ist. Tja, da haben sie sich wohl den Falschen ausgesucht.

Folgende Situation: Dieser besagte Teilnehmer haut wieder einen raus und will mit meinem Vater diskutieren oder weigert sich gar erneut, bestimmte Sachen auszuprobieren oder umzusetzen. Dann gab es von meinem Vater nur eine mögliche Reaktion:

„Herr XY, sind Sie ein konsequenter Mensch?"

„Ja, das bin ich."

„Prima. Dann packen Sie bitte Ihre Sachen und gehen!"

Wow. Damit hatte jetzt wohl niemand gerechnet. Am allerwenigsten der betroffene Teilnehmer. Der saß jetzt da, alle Blicke auf ihn gerichtet, überlegend was er jetzt machen soll.

Bevor er irgendetwas dazu sagen konnte.

„Nehmen Sie bitte Ihre Sachen und verlassen Sie diese Gruppe. Ich werde Ihrem Vorgesetzten sagen, dass Sie nicht mehr an diesem Training teilnehmen."

Das nenne ich mal konsequent und geradlinig. Und so ist der Ruf meines Vaters unter anderem entstanden.

Ob der Teilnehmer das Training verlassen hat? Ja. Es blieb ihm keine andere Wahl. Wenn es einen in der Gruppe gibt, der das Training blockiert und somit die anderen Teilnehmer daran hindert, sich weiterzuentwickeln, dann muss der raus. Ohne Diskussionen.

Es war nun mal so, dass für meinen Vater bestimmte Werte zählten. Egal ob privat, die ich dann auch sehr oft zu spüren bekam oder beruflich, wie in diesem Beispiel. Apropos, mir fällt das gerade noch ein weiteres ein.

Gerade am ersten Trainingstag passiert es häufiger, das Trainingsteilnehmer zu spät kommen. Warum auch immer. Meistens ist ja der andere Schuld, nie man selbst. Und Pünktlichkeit zählte für meinen Vater genauso zu den wichtigsten Werten wie Ehrlichkeit und Aufrichtigkeit zum Beispiel auch.

Trainingsbeginn 9:00 Uhr. Das hieß für ihn, alle Teilnehmer, die nach 8:50 Uhr auftauchten, waren eigentlich schon zu spät. Denn wie will man die ersten Minuten, die erste Phase eines Trainings in sich aufnehmen, wenn man noch gar nicht richtig angekommen ist? Aber gut, dazu kein Kommentar seinerseits. Aber was war mit dem Teilnehmer, der um 9:10 Uhr den Raum betreten wollte? Der stand erst mal vor verschlossenen Türen.

Mein Vater schaute um 8:59 Uhr noch einmal aus der Tür, niemand zu sehen, also wurde die Tür von innen verriegelt. Basta! Er machte das nicht zu seinem Spaß, sondern aus reiner Erfahrung. Denn zu Beginn seiner Trainerzeit hat er das nicht gemacht.

Was passierte? Die Tür ging auf, ein Teilnehmer kam zu spät und abgehetzt rein (wenn es ein schuldbewusster Mensch war), brachte Unruhe in die ganze Gruppe. Mein Vater musste mitten im Wort aufhören zu reden. Die Teilnehmer wurden aus ihrer Konzentration gerissen und es war für alle Beteiligten eine unangenehme Situation.

Leider war es nicht immer möglich die Tür von innen zu verriegeln. Dann musste eine andere Herangehensweise her. Und zwar wie folgt:

Die Tür ging auf, ein Teilnehmer kam zu spät und mein Vater hörte mitten im Satz auf zu reden. Er schaute den Teilnehmer an und wartete auf dessen Reaktion. War er sich seiner Schuld bewusst, also entschuldigte er sich sofort, nahm mein Vater das kommentarlos entgegen, ließ den Teilnehmer Platz nehmen, sah ihn an und sagte dann:

„Herr XY, ich hoffe Sie sind nicht böse, dass wir schon angefangen haben. (mit einem leicht süffisanten Ton) *Kann ich davon ausgehen, dass Sie beim nächsten Mal pünktlich sein werden? "*

Wenn der Teilnehmer an dieser Stelle „Ja" sagte, dann ging es mitten im Satz weiter. Wollte er sich irgendwie herausreden oder rechtfertigen, dann wiederholte mein Vater seine Frage, ohne auf seine Ausflüchte einzugehen:

„Darf ich Sie noch einmal fragen, kann ich davon ausgehen, dass Sie am nächsten Tag pünktlich erscheinen werden?" (Die Tonlage und die Mimik war an dieser Stelle schon um einiges ernster.)

Spätestens dann kam nur noch ein leises *„Ja"*.

Und genau diese Vorgehensweise war ganz bewusst so gewählt. Denn würde er das nicht tun, würde er das an dieser Stelle durchgehen lassen, dann wäre das ein klares Signal für alle Teilnehmer, es beim nächsten Mal auch nicht so eng zu sehen mit der Zeit.

Ist danach noch jemals einer zu spät gekommen? Nein. Im Regelfall nicht. Es gibt immer mal wieder Situationen, da steckt man nicht drin, da hat man keinen Einfluss drauf. Das ist aber die Ausnahme.

Die Ausnahme ist es auch, dass ein Chef, in diesem Fall auch der Auftraggeber, vor dem Training ein paar Worte an die versammelte Gruppe richten wollte. Im Normalfall hat mein Vater so etwas nicht zugelassen, da der Zeitplan ganz genau kalkuliert ist. Aber Ausnahmen bestätigen ja die Regel.

In diesem konkreten Fall hat er dem Geschäftsführer 3 Minuten Zeit eingeräumt. Und keine Sekunde mehr. Was der Geschäftsführer dann auch prompt zu spüren bekam.

Wie es mein Vater geahnt hatte, redete und redete dieser Mensch. Vom Hölzchen aufs Stöckchen sagt man doch. Bis mein Vater dann von seinem Platz aufstand, dem Geschäftsführer die Hand reichte und sich für seine einleitenden Worte bedankte. Mitten in dessen Rede. Was den Geschäftsführer sichtlich irritierte und seine Mitarbeiter augenscheinlich erheiterte. Denn die kannten ihren Chef ja ganz genau und wussten, dass er nicht der Mann der wenigen Worte war.

So viel zum Thema Konsequenz. Der Chef verließ bedröppelt den Raum und das Training konnte starten.

In der Mittagspause kamen dann einige Teilnehmer auf meinen Vater zu und zeigten sich beeindruckt. So etwas hätte noch nie jemand mit ihrem Chef gemacht. Der findet auch sonst kein Ende, aber niemand hat sich so etwas bisher getraut.

Ob mein Vater von diesem Kunden jemals wieder einen Auftrag erhalten hat? Nein. Denn während des Trainings hat er die Firma verlassen. Oder man hat sich von ihm getrennt. Das war im Nachhinein nicht wirklich klar. Aber auch unerheblich. Wie ich schon sagte, er hat alle Menschen gleich behandelt. Und das war auch gut so.

Ich weiß noch, wie er in einem unserer gemeinsamen Trainings morgens die Teilnehmer in Empfang nahm. Er begrüßte sie freundlich, fragte, ob sie eine gute Anreise gehabt hätten und geleitete sie in den Schulungsraum. Bis ein Teilnehmer kam, der nichts dabei hatte. Also nichts, außer seiner Kleidung. Keine Aktentasche, keine Unterlagen, überhaupt gar nichts.

Mein Vater begrüßte ihn, sah ihn an und fragte ihn, *ob er denn wirklich zum Schapertraining wolle.* Der Teilnehmer guckte ganz verdutzt und antwortete mit *ja.* Jetzt schaute mein Vater verwundert und sagte zu ihm:

„Sie haben gar keine Unterlagen dabei. Deshalb bin ich mir nicht sicher, dass Sie zu mir wollen. Sie können sich ja gar keine Notizen machen."

Die Überraschung des Teilnehmers war groß.

„Ich bin davon ausgegangen, dass es hier Unterlagen gibt."

„Und was hätten Sie gemacht, wenn das nicht der Fall gewesen wäre? Wenn Sie irgendwo zum Schwimmen gehen, dann nehmen Sie doch auch eine Badehose mit, oder?"

Jetzt wusste sein Gegenüber auch nichts mehr zu sagen. Mein Vater hat ihn dann aber teilnehmen lassen.

Genau solche Sachen waren es, die er nie verstehen konnte. Menschen, die an einem Training teilnehmen, haben keine Unterlagen dabei. Ein Unding. Bewerber, die sich irgendwo vorstellen, haben keine Fragen notiert oder generell Fragen an den Chef. Menschen, die ganz allgemein ohne ein bestimmtes Ziel durch die Welt liefen, für ihn nicht nachvollziehbar.

So war er nun mal. Auch er hatte seine Eigenarten. Oder sagen wir, einen ganz klaren Standpunkt zu bestimmten Sachen.

Ich kann mich noch gut an eine gemeinsame Anreise erinnern. Wir sind an einem lauen Sommerabend gemeinsam zu einem Training gefahren. Wir kamen in unser Hotel, checkten gerade ein, als ein anderer Gast neben uns an der Rezeption auftauchte. Die freundliche Dame schaute im Computer nach seiner Reservierung und musste ihm mitteilen, dass auf seinen Namen leider kein Zimmer reserviert sei und dass das Haus komplett ausgebucht wäre.

Auf einmal plusterte sich der Mann neben uns auf und sagte:

„Wissen Sie denn nicht wer ich bin? Mein Name ist Professor… und ich will jetzt auf der Stelle ein Zimmer haben!"

Die Dame schaute ihn immer noch freundlich an, obwohl dieser Herr seine Stimme extrem erhöhte und sagte ihm das Gleiche wieder:

„Es tut mir sehr leid Professor... Bei uns ist keine Reservierung hinterlegt.“

„Das darf doch nicht wahr sein, was ist das denn für ein Schuppen hier.“

Er schnappte sich sein Telefon, rief seine Sekretärin an und erfuhr, dass er wohl im falschen Hotel war. Ohne etwas zu sagen nahm er seinen Koffer, drehte sich um und verließ dieses Hotel.

Mein Vater wandte sich der Dame hinter der Rezeption zu und sagte:

„Ärgern Sie sich nicht über diesen Menschen. Sie haben genau richtig gehandelt. Schauen Sie nach draußen, das Wetter ist schön, es ist ein lauer Sommerabend und wenn Sie Feierabend haben genießen Sie das schöne Wetter.“

Und das überraschende war, was diese Dame sagte:

„Vielen Dank. Solche Menschen gibt es leider immer wieder. Wenn er sich anders verhalten hätte, hätte ich ihm angeboten für ihn in unserem Schwesterhotel ein paar Straßen weiter nachzufragen, ob dort noch ein Zimmer frei gewesen wäre. Aber so...“

Abends beim Essen kamen wir noch mal auf diese Situation zurück und mein Vater sagte:

„Siehst Du, soviel zu unseren Wirkungsgesetzen. Wir wirken immer. Die Gefahr negativ zu wirken ist bei manchen Menschen sehr groß."

Er sagte weiter:

„Wir können in die Lobby eines Hotels kommen und uns innerhalb kürzester Zeit so viele Feinde schaffen, wie es irgend nur geht. Wir können aber auch andere Menschen so behandeln, dass sie gern bereit sind, für uns etwas zu tun."

Das funktioniert allerdings nur, wenn wir Menschen uns auch unserer Wirkung bewusst sind. Genau da liegt wieder die Herausforderung. Im Leben generell, aber speziell in seiner Aufgabe als Trainer.

Es gab einmal eine herrliche Situation während eines Verkaufstrainings. Die Teilnehmer wurden am ersten Tag gebeten einen spontanen Vortag von zwei Minuten Dauer zu halten. Allein das ist ja für viele Menschen, die so etwas nicht tagtäglich machen, eine große Herausforderung und kostet sie sehr viel Überwindung.

Mein Vater legte ja sehr viel Wert auf sein Erscheinungsbild und seine Kleidung, sprich auf seine Wirkung.

Dementsprechend legte er bei seinen Teilnehmern das gleiche Maßband an und das wurde manchmal sehr lustig.

In diesem konkreten Fall kam ein etwas kräftiger gebauter Herr nach vorne. Dunkler Anzug, blaues Hemd und Krawatte. Als dieser gerade mit seinem improvisierten Vortrag anfangen wollte sprach ihn mein Vater an:

„Ist der Knopf noch dran?"

Der Teilnehmer guckte verdutzt. *„Wie bitte?"*

„Ist der Knopf noch dran?"

Mein Vater blickte auf den Bauch dieses Mannes, beziehungsweise auf sein Jackett, welches geöffnet so vor sich hin baumelte.

„Ach so, das geht leider nicht zu."

Und er wollte dann sofort mit seinem Vortrag beginnen. Mein Vater unterbrach ihn erneut.

„Doch, das geht mit Sicherheit zu."

Der Teilnehmer sah an sich herunter und antworte:

„Nein, ich habe leider etwas zugenommen. Die Jacke kriege ich nicht zu."

Mein Vater schüttelte mit dem Kopf und entgegnete ihm:

„Kommen Sie doch bitte mal her. Was haben Sie denn da alles in Ihren Sackotaschen? Packen Sie die doch mal bitte aus. "

Sie können sich nicht vorstellen, was dort alles zum Vorschein kam. Er holte als erstes mal eine Packung Zigaretten und ein Feuerzeug aus der einen Tasche und legte es vor meinem Vater auf den Tisch. Aus der anderen Tasche nahm er sein Handy, sein Portemonnaie und seinen Autoschlüssel heraus.

Er schaute meinen Vater leicht resignierend an, so nach dem Motto, es geht immer noch nicht zu. Mein Vater deutete auf die Innentaschen, und der Teilnehmer kramte ein in Alufolie eingepacktes Butterbrot hervor.

Seine Kollegen schmunzelten und lachten teilweise herzlich, waren aber selber erstaunt, was da alles so zum Vorschein kam. Und siehe da, das Sakko ging zu. Okay, es saß ein bisschen spack, aber immerhin, es ließ sich schließen.

Um dem ganzen noch die Krone aufzusetzen sagte mein Vater dann noch:

„Und wo wir schon dabei sind, dann machen Sie den obersten Hemdenknopf dann bitte auch noch zu, denn Ihre Hose lassen Sie ja auch nicht offen wenn Sie zu einem Kunden gehen, oder? "

Ich saß da, als Beobachter, und dachte nur, jetzt springt der Kerl gleich über den Tisch und erwürgt meinen Vater. Aber ganz im Gegenteil. Er lachte und folgte den Aufforderungen seines Trainers. Denn auch er war ja dort, um für sich persönlich etwas zu lernen und dann muss man auch die Bereitschaft haben, bei sich selbst anzufangen. Und das hatte er.

Was war das Ende vom Lied? Dieser Teilnehmer hat sich später bei meinem Vater bedankt. Er hat ihm gesagt, dass er es gut findet, wenn jemand offen und ehrlich und auch ganz direkt, ohne Umschweife solche Sachen anspricht. Nur dann könne man lernen.

Mein Vater hatte einen „Fan" mehr. Und das war auch gut so, denn er hatte ja, wie bereits erwähnt, auch den ein oder anderen Teilnehmer, der ihn verfluchte.

Und es gab nicht nur Teilnehmer, die dies taten, sondern auch Hotelmitarbeiter. Denn genauso konsequent wie er mit seinen Trainingsteilnehmern umging, tat er es auch mit den Mitarbeitern des Hotels. Und auch da kann ich aus eigener Erfahrung sprechen, das war und ist äußerst wichtig. Denn diese Hotels, die können einem schon mal den letzten Nerv rauben.

Was war passiert?

Immer wenn er zum ersten Mal in einem Hotel seine Trainings abhielt, hatte er im Vorfeld seine Wünsche ganz genau mit dem Bankettmitarbeitern abgestimmt. Er ging sogar soweit, dass er ihnen ein Fax schickte, in dem exakt aufgeführt war, was er haben wollte und wie das alles im Raum aufgebaut werden sollte.

Jedes Mal wurde ihm versichert, dass man seinen Wünschen entsprechend alles herrichten werde. Da mein Vater immer am Vorabend eines Trainings anreiste, konnte er sich davon vor Ort überzeugen.

Oder besser gesagt, er konnte sich nicht davon überzeugen. Denn nichts war so wie es sein sollte. Nichts von dem was besprochen wurde, wurde eingehalten. Also ließ mein Vater erst mal das Personal antanzen. Egal wie spät es war. Und auch hier waren es die üblichen Ausflüchte. *„ Wir haben den Raum nicht eingerichtet. Das waren die Kollegen der anderen Schicht. "* Usw., usw. Immer sind die anderen Schuld.

Aber auch an dieser Stelle gab es kein Diskutieren. Mein Vater sagte den Mitarbeitern ganz klar wie er den Raum eingerichtet haben wollte. Und er sagte ihnen auch, dass er nachher nochmal vorbeikommen würde, um sich alles anzuschauen.

Wie gesagt, so manche Mitarbeiter haben ihn verflucht. Aber das mussten sie eigentlich gar nicht.

Denn erstens war es ja ihr Job und zweitens hatte mein Vater auch hier wieder ein klares Ziel vor Augen. Zum einen natürlich, dass der Raum optimal nach seinen Bedürfnissen eingerichtet war und zum anderen, dass er später Lob aussprechen konnte. Sie lesen richtig, er wollte Lob aussprechen. Denn eine weitere Prämisse von ihm war:

Kontrollieren, um einen Grund zum Loben zu finden!

Und das tat er dann auch. Er kontrollierte, um dann den Mitarbeitern Lob auszusprechen.

Hätte er Ihnen nicht gesagt, dass er später noch einmal vorbeischauen würde, dann hätte er den Raum am nächsten Morgen wahrscheinlich immer noch nicht so vorgefunden, wie er es gern gehabt hätte.

Das überraschende an dieser Vorgehensweise war, dass die Mitarbeiter, die im ersten Moment vielleicht genervt von meinem Vater waren, im Laufe der weiteren Zusammenarbeit voller Respekt und Achtung mit ihm umgingen, beziehungsweise auf ihn reagierten. Als er nämlich zum nächsten Tag abends anreiste, sich den Raum anschauen wollte, da kam schon ein Mitarbeiter auf ihn zu und sagte:

„Guten Abend Herr Schaper. Wir haben Ihren Raum schon entsprechend Ihren Wünschen eingerichtet. Es dürfte alles zu Ihrer Zufriedenheit sein."

Mein Vater schmunzelte nur, sah sich den Raum an und bedankte sich bei dem Mitarbeiter des Hotels. So einfach kann der Umgang mit Menschen sein. Wobei ja gerade dieses Thema Lob ihn in seiner ganzen Karriere häufig begleitet hat. Nicht nur ihn selbst betreffend oder in Hinblick auf die Trainingsinhalte, sondern auch auf Gespräche mit seinen Auftraggebern.

Ich kann mich noch an eine Geschichte erinnern, die er mir vor vielen Jahren erzählt hatte. Er kam damals von einem Gespräch mit einem Geschäftsführer zurück.

Er hatte mit diesem Geschäftsführer über die anstehenden Trainingsinhalte gesprochen und fragte ihn dann, *wie wichtig ihm das Thema Lob als Inhalt sei*? Und sein Gegenüber sah ihn verwundert an und antwortete nur, *nein, das wäre nicht so wichtig.* Darauf hin war mein Vater überrascht, so dass er ihm entgegnete:

„Habe ich Sie richtig verstanden, dass wir mit Ihren Führungskräften nicht über die Themen Lob und Anerkennung sprechen sollen? "

„Ja, das ist nicht so wichtig. Meine Mitarbeiter werden von mir auch nicht gelobt. Die kennen das nicht anders. Die werden schließlich fürstlich von mir bezahlt, das muss reichen. "

„Und außerdem, wer lobt mich denn?"

Aha, da war er, der entscheidende Satz, *„wer lobt mich denn"*. Soll heißen, wenn ich nicht von meinem Vorstand oder unseren Aktionären gelobt werde, dann brauche ich meine Mitarbeiter doch erst recht nicht zu loben.

Da muss man sich doch nicht wundern, wenn Mitarbeiter nicht die volle Leistung bringen oder nur Dienst nach Vorschrift machen.

Und auch hier wurde mir immer bewusster, warum mein Vater so viel bei mir kontrolliert hatte. Also auch speziell in meiner Kindheit und der Jugend. Denn wenn ich etwas zu seiner Zufriedenheit erledigt hatte, bekam ich im Anschluss auch immer Lob und Anerkennung. Und dass uns Menschen das gut tut, egal in welcher Situation, das ist doch unumstritten.

So war Norbert Schaper als Trainer. Ich hoffe, ich konnte Ihnen mit diesen verschiedenen Erlebnissen und Beispielen einen Eindruck verschaffen, wie mein Vater als Trainer so war.

Aber er war noch mehr. Er war nicht nur der Trainer, der Vater und der Ehemann. Er war auch ein Mensch. Und das wurde im leider zum Verhängnis. Auch er, der starke, durchtrainierte Kerl, war leider nicht unverwundbar.

Mensch

Mit fortschreitendem Alter hatte auch er mit der einen oder anderen gesundheitlichen Herausforderung zu kämpfen. Meistens war es der Rücken, der ihm zu schaffen machte. Dieses ganze Stehen, die Strapazen des Anreisens mit dem Auto, dem Flieger oder der Bahn. Diese tagtägliche Konzentration und Anspannung sind leider auch an ihm nicht spurlos vorübergegangen. Rückenschmerzen, Bandscheibenvorfall, usw.

Er merkte, er wird auch nicht jünger. Aber er hatte immer noch Freude an seinem Beruf, sodass er sich entschied erstmal nur etwas kürzer zu treten. Nur noch ausgewählte Kunden zu betreuen. Schließlich war sein Sohn ja mittlerweile ähnlich erfolgreich und angesehen wie er. Es war also an der Zeit, „Ja" zur Veränderung zu sagen. Gesagt getan. Er hat nicht mehr so viele Aufträge angenommen, was wiederum auch meine Mutter freute, denn so hatten die beiden auch wieder mehr Zeit für sich. Er fand eine gesunde Mischung aus Arbeit und Freizeit. Seinem Lieblingshobby Golfen konnte er nun auch wieder mehr frönen.

Auch dort war er übrigens ein Perfektionist. Er wollte immer besser werden. Immer weiter an sich arbeiten.

Aus irgendeinem Grund funktionierte dieser Plan allerdings nicht. Immer öfter kam er frustriert nach Hause, völlig unzufrieden mit seinem Spiel. Hadernd mit sich selbst. Ihm war schon bewusst, dass Golfen nicht gleich Golfen ist. Dass jeder Tag anders ist. Aber irgendetwas passte nicht zusammen. Bis eines Tages meine Mutter und auch er selbst feststellten, dass seine ganze Motorik sich verändert hatte.

Er ging nicht mehr so aufrecht, wie es sonst der Fall war. Er war in allem was er tat, ein wenig langsamer und nicht mehr so beweglich. Er führte das auf sein fortgeschrittenes Alter zurück. Schließlich war er zu diesem Zeitpunkt auch schon Anfang 60. Obwohl, wenn er sich so die anderen Herren in seinem Alter auf dem Golfplatz ansah, dann wirkte das doch alles noch viel impulsiver und geschmeidiger als es bei ihm der Fall war.

Er merkte dann auch in Alltagssituationen, dass ihm manche Dinge einfach schwerer fielen. Wenn er einen seiner Trainingstage hatte, brauchte er fast die doppelte Zeit, um sich morgens fertigzumachen. Sogar beim PKW, das Ein- und Aussteigen, viel ihm etwas schwerer. Aber er kämpfte sich dadurch, hielt weiter seine ausgewählten Trainings ab und ging auch weiter auf den Golfplatz.

Wie gesagt, er machte das Alter dafür verantwortlich. Und so vergingen Wochen, Monate und Jahre. Aber es wurde nicht besser, ganz im Gegenteil. Er verlor immer mehr die Lust am Golfen. Trainings hatte er kaum noch gemacht. Die hatte ich fast alle übernommen.

Meine Mutter sah dann auch im Gesicht meines Vaters Veränderungen. Nicht nur die altersbedingten. Seine ganze Mimik veränderte sich. Es viel ihm immer schwerer Emotionen zu zeigen. Okay, er war sowieso nicht der Mensch, der äußerlich viele Emotionen zuließ. Aber es wurde dennoch merklich weniger, sodass er sich letztendlich auf die Suche nach dem Problem oder sagen wir besser nach der Ursache begab.

Die ersten Besuche bei verschiedenen Ärzten brachten ihn nur leider nicht weiter. Alle Untersuchungen ergaben nichts. Es ginge ihm gut. So sei das nun mal, wenn man Älter wird, so die Aussage vieler Ärzte.

Und so vergingen Monate und Jahre, in denen er versuchte, sich damit abzufinden. Es viel ihm keineswegs leicht. Er, der er doch immer so agil war. Der in jungen Jahren alle möglichen Sportarten betrieben hatte. Er, der regelmäßig ins Fitnessstudio und zum Laufen in den Park gegangen war.

Er musst sich damit abfinden. Und das tat er auch. Es blieb ihm ja nichts anderes übrig. Aus dem Laufen wurde ein Walken, aus dem viermal die Woche Golfen wurde ein bis zweimal. Und aus den wenigen Trainingstagen wurden ganz wenige. Bis er eines Tages weitere Veränderungen bemerkte. Er konnte Gegenstände nicht mehr so gut festhalten, hatte immer mehr Schwierigkeiten bei den alltäglichen Dingen des Lebens, sodass er einen Spezialisten aufsuchte. Und zwar einen Neurologen von der Universität in Düsseldorf.

Und dieser Professor diagnostizierte dann die Krankheit Parkinson. Die er wahrscheinlich schon einige Jahre mit sich rumschleppte.

Für diejenigen, die sich mit Parkinson nicht so gut auskennen. Es ist eine Krankheit, die man nicht heilen kann. Das Einzige, was man machen kann, ist mit Medikamenten zu versuchen, den Verlauf der Krankheit für eine gewisse Zeit einzudämmen, beziehungsweise hinauszuzögern.

Parkinson äußert sich ganz unterschiedlich. Jeder Verlauf ist anders. Die berühmtesten Beispiele für eine Parkinsonerkrankung sind wohl Muhammed Ali und Micheal J. Fox. Letzterer kämpft seit vielen Jahren dagegen an. Mal mehr mal weniger erfolgreich.

Er hat sogar eine eigene Stiftung gegründet, die sich dem Kampf dieser tückischen Krankheit widmet.

Das ist alles schön und gut und natürlich auch für nachfolgende Generationen enorm wichtig, aber meinem Vater hat es leider nicht helfen können.

Dennoch versuchte er damit klar zu kommen. Er hatte nun endlich eine Erklärung für seine körperlichen Veränderungen. Er wusste nun endlich, warum alles etwas langsamer wurde, er sich bei vielen Dingen nicht mehr so sicher fühlte und warum sein geliebtes Golfspiel nicht mehr das war was es früher einmal war.

Nichtsdestotrotz war es keine leichte Zeit für ihn. Für uns alle. Das Wissen über die Krankheit ist das eine. Aber der Umgang damit ist das andere. Je mehr er sich mit dieser Krankheit beschäftigte, desto klarer wurde ihm, dass es keine Heilung gibt. Ihm wurde auch durch den Professor mitgeteilt, dass der Verlauf durchaus unterschiedlich sein könne. Viele Menschen können jahrelang, mit entsprechenden Medikamenten, gut damit leben. Andere wiederum würden so genannte Schübe erleben, in denen sich die Krankheit drastisch verändert. Mann müsse jetzt erst mal den Verlauf beobachten und situativ entscheiden.

Leichter gesagt als getan. Ihm gingen tausende Gedanken durch den Kopf. Es folgten Gespräche mit meiner Mutter und mit mir. Wie gehen wir damit um?

Das Resultat war, auch entsprechend des Ratschlags seines Professors, sich weiterhin so normal wie möglich zu bewegen. Soll heißen, weiterhin Golfen zu gehen, viel spazieren zu gehen und möglichst auch den Alltag versuchen „ganz normal" zu bewältigen.

Das ging auch in der ersten Zeit ganz gut. Also nach anfänglicher Wut über diese Krankheit. Denn eines war klar. Auch er stellte sich oftmals die Frage:

„Warum denn gerade ich? Warum trifft mich diese Sch...?"

Er hatte doch keinem Menschen was zu leide getan. Er hatte immer viel Sport gemacht. Gut, besonders gesund ernährt hat er sich nicht wirklich. Aber das ist doch kein Grund, dass man eine solche Krankheit abbekommt. Wie hat es Gabi Köster so schön formuliert, „ein Schnupfen hätte auch gereicht".

Aber das sind ja ganz normale und menschliche Reaktionen. Bis er eines Tages zu uns sagte, dass man sich jetzt damit abfinden müsse. Ändern kann man jetzt eh nichts mehr. Man müsse jetzt schauen, wie wir das beste aus der Situation machen können!

„Ja" *zur Veränderung. Wir Menschen leben für und von Veränderungen!* Da war der wieder, der Trainer Norbert Schaper. Alles eine Frage der inneren Einstellung. Und damit hatte er recht. Denn wir saßen gemeinsam am großen Tisch im Esszimmer und unterhielten uns darüber. Wir sprachen darüber, dass es ihm eigentlich doch ganz gut ginge. Wenn man mal überlegt, wie viele Menschen viel schlimmere Krankheiten haben, dann wäre das doch alles halb so wild.

Und so vergingen die nächsten Jahre. Wir versuchten das Beste daraus zu machen. Weniger ist mehr, sagt man so schön. Das hieß bezogen auf seine Situation: Weniger darüber reden ist mehr. Es war im wichtig, nicht jeden Tag darüber sprechen. Nicht jeden Tag die Frage gestellt zu bekommen: *„Wie geht es Dir heute?"*

Ziel war es , den Alltag so normal wie möglich zu bewältigen. Denn er merkte ja selbst, wie sich sein Körper veränderte, da brauchte er nicht auch noch von außen immer den Hinweis, dass er krank sei. Das wusste er selbst. So sollte es sein.

Und es ging auch einigermaßen gut. Der Alltag wurde so gut es ging erledigt. Das Golfen allerdings gaben er und meine Mutter dann irgendwann auf. Es machte keinen Sinn mehr. Der Frust und Ärger nahmen einfach überhand.

Er hatte keine Vorfreude, geschweige denn Spaß an dem Spiel. Sodass die Mitgliedschaft im Golfclub gekündigt wurde, die Schläger, Bags und Trolleys wurden verkauft und das Leben auf einen kleineren Radius konzentriert.

Spazieren gehen. Einkäufe erledigen. Essen gehen. So das übliche Programm. Und das funktionierte auch ganz gut. Bis eines Tages, mein Vater ist jetzt 71 Jahre alt, sich die Gesundheitslage drastisch zu verschlechtern schien. Was war passiert? Unabhängig davon, dass sein ganzer Bewegungsapparat immer eingeschränkter funktionierte, sein Körper immer mehr in sich zusammensackte, stürzte er plötzlich häufiger. Er verlor auf unebenen Fußwegen das Gleichgewicht und fiel hin. Er stolperte zuhause über den Rand des Teppichs und fiel hin. Anfangs kam dann die Aussage von ihm:

„Das ist nun mal der Verlauf dieser Krankheit. Macht Euch mal keine Sorgen."

Er kaufte sich einen Gehstock zur Unterstützung. Er bewegte sich noch etwas vorsichtiger. Aber es schien, als hätte er sich auch auf diese neue Situation recht schnell eingestellt. So war er eben. Der Mensch muss funktionieren, egal mit welchem Handicap. Und bloß keine große Hilfe von uns annehmen.

Weitestgehend selbständig wollte er sein. So wie er es immer war. Schließlich hatte er noch alles gemeistert. Seine Jugend, seine Ausbildung, sein beruflicher Werdegang, seine Selbständigkeit, all das war sein Verdienst.

Natürlich auch der Verdienst meiner Mutter. Sie wissen ja, hinter jedem starken Mann steht eine mindestens genauso starke Frau. Und das wusste er auch. Vielleicht hat er es zu selten erwähnt. Vielleicht hat er es häufig verdrängt, aber er wusste es.

Und diese starke Frau musste auch in diesen schweren Jahren besonders stark sein. Unabhängig von eigenen, sehr prägenden und auch belastenden körperlichen Herausforderungen, schaffte sie es immer wieder stark zu sein. Für meinen Vater da zu sein. Ihm Unterstützung anzubieten, auch wenn er sie vielleicht gar nicht haben wollte. Oder er zumindest so tat, als wolle er keine Unterstützung. Im Unterbewusstsein war ihm schon lange klar, dass er ohne Hilfe in den nächsten Jahren nicht auskommen würde.

Ich denke er wollte meiner Mutter einfach nicht zur Last fallen. Sie hatte selbst ihre „Wehwehchen". Er wollte so gut es irgend ging, den Großteil seines Lebens selbst bestimmen und abwickeln.

Bis zu dem Tag im Mai, als alles anders wurde. Meine Mutter rief mich am frühen Abend an und erzählte mir, dass mein Vater wieder gestürzt sei. Allerdings kommt er nicht mehr allein auf die Beine. Sie schaffte es auch nicht ihm zu helfen. Er war schwer wie Blei.

Ich fuhr sofort hin und sah meinen Vater dort hilflos zwischen Bett und Kommode am Boden liegen. Meine Mutter hatte ihm ein Kissen in den Rücken gelegt, damit er es wenigsten ein bisschen bequem hatte.

Mit vereinten Kräften haben wir es dann geschafft, ihn aufs Bett zu legen. Die ganze Situation war erschreckend. So hatte ich meinen Vater noch nie gesehen. Natürlich war mir der Zerfall des einst so starken Mannes aufgefallen, natürlich wusste ich um den Verlauf der Krankheit. Aber irgendwie sind wir Menschen doch Meister im Verdrängen. Ich habe anscheinend immer gedacht, ach das kriegen wir alles schon hin. Er ist stark. Gemeinsam machen wir das schon irgendwie.

Schließlich gab es ja auch noch die Möglichkeit, sollte sich der Verlauf drastisch verschlechtern, dass man sich einen Chip ins Gehirn einpflanzen lassen kann, um die Krankheit auf diesem Level zu halten. Aber sind wir mal ehrlich. Rückblickend hätte man das schon viel früher machen müssen.

In der Phase, in der es ihm noch einigermaßen gut ging, da hätte man darüber nachdenken müssen. Jetzt war es zu spät. Nur wie wir Menschen so sind, wenn es uns gut geht, denken wir natürlich nicht darüber nach, wie es sein könnte, wenn es uns mal nicht mehr so gut geht. Keiner denkt doch an den Extremfall und das ist auch gut so, sonst würden wir uns ja alle verrückt machen.

Auf der anderen Seite könnte oder müsste man allerdings in seinem konkreten Fall von vornherein mehrere Möglichkeiten in Betracht ziehen und eventuell auch danach handeln. Aber im Nachhinein sind wir immer schlauer. Hätte hätte… Na Sie wissen schon.

Nun stand ich da an seinem Bett. Meine Mutter völlig aufgelöst, mein Vater absolut entkräftet auf seinem Bett.

„Das ist aber auch alles eine Scheiße!" Fluchte mein Vater. Ich stand nur da und nickte. *„Ja, da hast Du Recht."*

Meine Mutter war schon gar nicht mehr im Raum, sie musste sich erstmal wieder beruhigen. Sie wusste auch nicht mehr weiter und war natürlich mit ihren Kräften auch am Ende. Ich versuchte möglichst rational zu denken und zu handeln. So wie es mir mein „alter Herr" beigebracht hatte.

So, wie wir es im Training immer getan hatten. Ein klares Ziel vor Augen.

Bitte verstehen Sie mich nicht falsch. Wir waren oder in meinem Fall, ich bin im Training nicht nur rational unterwegs. Wir sind auch schon ganz schön lustig in manchen Bereichen. Das Leben bietet einfach zu viele Möglichkeiten, die wir natürlich auch im Training genutzt haben, um die Stimmung aufzulockern, um mal einen Spaß zu machen und uns auch selbst nicht immer zu ernst zu nehmen. Eben eine gesunde Mischung aus Geradlinigkeit, Härte, Konsequenz und Spaß.

Nur jetzt in dieser Situation war uns der Spaß natürlich vergangen. Was also sollten wir jetzt tun? Ihn erst mal dort liegen lassen, warten bis er wieder zu Kräften kommt? Aber was dann? Was, wenn er wieder stürzt und meine Mutter ihm wieder nicht aufhelfen kann? Komme ich dann wieder vorbei und das alles wiederholt sich dann? Und wie oft soll das dann so gehen?

Also gab es nur eine Möglichkeit, einen Krankenwagen zu rufen und ihn ins Krankenhaus bringen zu lassen. So viel zur Theorie. Mein Vater wollte aber nicht ins Krankenhaus. Meine Mutter hatte, als sie auf mich gewartet hatten, natürlich schon mit ihm darüber gesprochen. Er wollte nicht ins Krankenhaus. Wer will schon gern ins Krankenhaus.

Ich war selbst schon einmal in einer ähnlichen Lage. Im wahrsten Sinne des Wortes, lag ich nämlich auch auf dem Boden. Mich vor Schmerzen krümmend winselte ich meine Frau an, dass ich einen Notarzt bräuchte. Sie rief ihn an, er kam inklusive Krankenwagen und sah mich dort am Boden liegen. Auf die Frage was denn passiert sei, sagte ich nur:

„Ich habe Rücken. Geben Sie mir bitte einfach eine Spritze dann geht das schon wieder. "

Der Notarzt sah mich an, schüttelte den Kopf und sagte nur:

„Das mache ich mit Sicherheit nicht. Wir bringen Sie jetzt erst mal ins Krankenhaus. "

Das End vom Lied war, dass ich mich im Krankenhaus wiederfand, dort eine Woche mit einem Nierenstein verbracht habe. Mein erster Besuch in einem Krankenhaus. Da kann man doch verstehen, wenn man da nicht unbedingt hinein will. Und so ging es meinem Vater doch auch. Er war zwar vor geraumer Zeit schon einmal wegen eines Leistenbruchs im Krankenhaus, aber er wollte es unbedingt vermeiden, dort wieder zu erscheinen. Es war nur leider nicht anders möglich. Wir sahen keine Chance ihn davor zu bewahren.

Und schließlich hatten wir ja auch die Hoffnung, dass sie ihn dort behandeln und dass es ihm dann bald wieder besser geht.

Die Sanitäter kamen in Begleitung eines Notarztes. Wir vereinbarten, ihn ins Krankenhaus zu bringen. Während die beiden Sanitäter meinen Vater in einen Transportstuhl setzten und ihn anschnallen wollten, war er plötzlich wieder in der Rolle des Trainers.

„Oh, jemand von Ihnen war aber gestern beim Griechen, oder? Einer von Ihnen riecht nach Knoblauch.“

Jetzt sagen Sie wahrscheinlich, das kann man doch nicht machen. So etwas sagt man einem Menschen doch nicht. Mag sein, aber wir reden ja hier von meinem Vater. Wenn ein Trainingsteilnehmer unangenehm roch, dann hat er ihm das auch direkt und ohne Umschweife gesagt. Wenn eine Trainingsteilnehmerin in einer Wolke von Parfüm den Raum betrat, dann hat er ihr das sofort gesagt. Ob den anderen das nun gefallen würde oder nicht war ihm so ziemlich egal.

Die beiden Sanis haben gar nicht darauf reagiert. War wahrscheinlich auch am besten so. Wer weiß, was die sich so Tag für Tag anhören mussten. Die waren bestimmt schon abgehärtet. Meiner Mutter war das natürlich sehr unangenehm.

Sie blieb übrigens erstmal zuhause, da sie sich von der ganzen Situation zunächst einmal etwas erholen musste. Ich war ja bei ihm.

Im Krankenhaus angekommen wurde er erstmal in die Notaufnahme eingeliefert. Es vergingen zwei Stunden bis ich zu ihm durfte. Er bekam über einen Tropf bestimmte Mittel, die ihn wieder aufbauen sollten.

Ich begleitete ihn dann noch auf sein Zimmer. Er wurde direkt im Bett auf die Station gefahren, denn laufen konnte er immer noch nicht. Aber irgendwie ging es ihm sichtlich besser. Ich denke, er war froh, dass er zum einen meiner Mutter nicht mehr zur Last fiel und er hatte die Hoffnung, dass sie ihm dort helfen können und er schnellstmöglich wieder nach Hause könnte.

Mit diesem Gefühl ließ ich ihn dann zur Ruhe kommen, fuhr zu meiner Mutter und berichtete ihr alles.

Sie war immer noch völlig aufgelöst und wusste nicht, wie sie mit der ganzen Situation umgehen sollte. Ich schaffte es, sie etwas zu beruhigen, sodass wir am nächsten Tag dann gemeinsam ins Krankenhaus fuhren. Dort erklärte man uns, dass jetzt erst einmal verschiedene Untersuchungen gemacht werden müssen, um zu sehen, woher diese körperliche Schwäche kam.

Eine ganze Woche verging. Untersuchungen wurden durchgeführt, Ergebnisse wurden uns mitgeteilt. Alles soweit in Ordnung. Uns wurden sogar Bilder der Magenspiegelung am PC gezeigt, mit dem Kommentar, dass alles gut aussieht. Aber irgendetwas passte hier nicht zusammen. Warum war mein Vater dann bettlägerig? Warum konnte er nicht spätestens nach ein paar Tagen wieder aufstehen und gehen?

Apropos gehen. Mein Vater wollte auch wieder gehen. Also konkreter gesagt, er wollte wieder nach Hause. Dort im Krankenhaus wollte er keinen Tag länger bleiben als nötig. Mittlerweile war er ja auch schon eine ganze Woche dort.

Aber so einfach war das nicht. Was hätte er denn zuhause machen sollen? Wenn er nicht laufen kann, was bringt ihm das dann? Wie sollte meine Mutter das alles bewerkstelligen?

Eine abschließende Untersuchung stand noch an. Meine Mutter und ich warteten im Zimmer. Mein Vater war noch nicht zurück, als die Tür aufging und eine der behandelnden Ärzte mit einem Befund hereinkam. Wir standen dort, voller Hoffnung, voller positiver Gedanken, so wie wir es von ihm gelernt hatten, bis die Ärztin zu meiner Mutter sagte, sie solle sich doch lieber setzen. Natürlich gehen da bei einem sofort alle Alarmglocken an.

Das kann ja jetzt nichts Gutes sein. Und so war es dann auch. Das Ergebnis der Untersuchungen hatte ergeben, dass sein ganzer Körper voller Metastasen war. Die Lunge, die Leber, die Nieren und auch die Knochen wären bereits sehr stark befallen. Krebs.

Das war natürlich ein Schock. Damit hatte keiner von uns gerechnet. Auch ich habe versucht meiner Mutter im Vorfeld Kraft zu geben, positive Gedanken zu senden und ihr gut zuzureden. Aber das war jetzt in diesem Moment alles nichtig. Es stand aktuell nur noch dieses Bild der Metastasen im Raum. Mein Vater wusste bis zu diesem Zeitpunkt noch nichts davon. Er war der Meinung, eine letzte Untersuchung und dann geht es ab nach Hause.

Und jetzt? Wie sollten wir ihm diese Nachricht mitteilen? Einfach geradeheraus? Oder ihm das Ganze schonend beibringen? Was ist an dieser Stelle der richtige Weg?

Meine Mutter konnte ihm das in dieser Lage sowieso nicht sagen. Sie musste erst mal das Krankenhaus verlassen und das alles verarbeiten. Kurz bevor sie ging hatten wir uns noch darauf verständigt, ihm heute noch nichts von dem Ergebnis zu sagen. Warum auch immer wir das getan haben. Vielleicht wollten wir ihm diese Botschaft einfach nicht so überbringen.

Vielleicht wussten wir auch einfach nur nicht wie. Ich kann es im Nachhinein gar nicht mehr so genau sagen, welchen Beweggrund wir in diesem Moment hatten. Fakt war aber, dass ich ihm an diesem Tag nichts gesagt habe. Wahrscheinlich mussten meine Mutter und ich diese Nachricht selbst erst verarbeiten. Aber wie verarbeitet man solch eine Nachricht? Wie geht man selbst damit um? Und wie sagt man sie dann seinem eigenen Vater?

Das kuriose ist, ich weiß überhaupt nicht mehr, wer es ihm letztendlich gesagt hat? Ob meine Mutter es war? Ob ich es ihm gesagt hatte oder ob die Ärztin diesen Part übernommen hatte? Klingt seltsam, oder?

Ich weiß nur noch eines, dass für mich einige dieser Tage im Krankenhaus wie im Film abgelaufen sind. Man ist zwar dabei, aber irgendwie auch nicht. Man steht da mitten im Zimmer, aber dennoch läuft alles völlig an einem vorbei. Schwer zu erklären.

Ach so, falls Sie sich fragen, ob es denn eine Behandlungsmöglichkeit gegeben hätte, muss ich an dieser Stelle sagen, nein. Die gab es nicht. Die Zellen in seinem Körper waren schon zu sehr befallen. Auf meine Frage an die Ärztin, wie viel Zeit ihm denn noch bliebe, konnte man mir allerdings keine genaue Antwort geben.

Tage oder Wochen. Man wüsste es nicht genau. So etwas ließe sich nicht vorhersagen. Klingt logisch, aber in dem Moment funktioniert man ja nur noch. Man denkt nicht wirklich nach. So ging es mir zumindest.

Über etwas dachte ich dann aber in ruhigen Momenten doch nach. Wie schnell das jetzt auf einmal alles gegangen war. Gefühlt war es doch noch gestern, als wir zusammen die ersten Trainings abgehalten haben. Gefühlt waren wir vor ein paar Tagen noch gemeinsam auf dem Golfplatz. Mit Parkinson hatte er und hatten wir alle uns abgefunden. Wir hatten viel darüber gelesen, er hatte ausführlich mit seinen Ärzten darüber gesprochen, so dass wir uns auf schwierige Jahre, aber auch einige viele Jahre eingestellt hatten. In der Realität sah das leider alles etwas anders aus.

Nachdem mein Vater am nächsten Tag das Ergebnis der Untersuchung erfahren hat, war er erstaunlicherweise sehr gelassen. Wir hatten das Gefühl, als wenn ihn das gar nichts anginge. Als wenn er der ganzen Sache nicht trauen würde. Wir waren überrascht und verwundert zugleich.

Er erzählte uns plötzlich, dass er kurz vor der Untersuchung gesehen hätte, dass noch ein Patient mit dem Nachnamen Schaper dort in Behandlung wäre.

Die Ärzte hätten bestimmt die Ergebnisse vertauscht. So etwas kommt ja häufiger vor. Und wissen Sie was das Kuriose ist? Wir haben das sogar geglaubt.

Ich weiß noch, dass ich abends meiner Frau davon erzählte und voller Hoffnung von der Möglichkeit des Verwechselns gesprochen hatte.

Mein Vater hatte uns das so glaubwürdig verkauft, dass wir ernsthaft daran geglaubt haben. Es war ein winziger Strohhalm, der zum greifen nah war. Und in solch vermeintlich auswegloser Situation greifen wir Menschen doch jeden Strohhalm, den wir kriegen können. Ich weiß noch zu genau, wie ich mit meiner Mutter telefonierte und ihr sagte, dass könne doch tatsächlich sein. Wenn da zufällig auch einer mit dem Namen Schaper in Behandlung ist, warum denn nicht. Man hat doch schon die absurdesten Sachen in Bezug auf Krankenhäuser und den Umgang mit Patienten gehört. Warum soll nicht auch in unserem Fall so etwas passieren?

Von der heutigen Warte aus betrachtet ganz schön bescheuert. So ein Blödsinn, dass genau an dem Tag ebenfalls jemand zur Untersuchung dort ist, der den selben Nachnamen hat. Und wie sich später herausstellte, laut meinem Vater sogar auch den selben Vornamen hätte. Der hieße tatsächlich auch Norbert Schaper.

Spätestens da hätten doch bei uns alle Alarmglocken klingeln müssen. Taten sie aber nicht. Zumindest nicht sofort.

Was war letztendlich passiert? Mein Vater hatte, wahrscheinlich unter Medikamenteneinfluss, Dinge gesehen, die gar nicht da waren. Sein Unterbewusstsein hat ihm einen Streich gespielt. Ihm, dem Trainer, in dessen Unterbewusstsein nie so schnell jemand senden konnte. War es vielleicht Selbstschutz? War es Hoffnung? War es einfach nur ein Verdrängungsmechanismus? Keine Ahnung. Letztendlich auch müßig darüber zu spekulieren. Es war wie es war. Und es gab keine Hoffnung mehr.

Jetzt begann allerdings die nächste schwierige Phase. Was sollten wir jetzt tun? Im Krankenhaus konnte er nicht mehr bleiben. Dort konnte man auch nichts mehr für ihn tun. Ach so, etwas ganz Wichtiges habe ich übrigens vergessen. Er hatte absolut keine Schmerzen. Das war ja das Seltsame an der ganzen Sache. Wobei hinterher die Ärztin meinte, dass das durchaus sein kann. Das ist leider das Tückische an dieser Art von Krankheit. Man merkt nicht, dass man sie hat. Man merkt es erst, wenn es zu spät ist.

Er bekam also auch keinerlei Schmerzmittel, falls Sie das denken. Nein, es ging ihm so weit gut.

Bis auf die Tatsache, dass er sich gar nicht allein aufrichten, geschweige denn stehen oder gehen konnte.

Was wollte er? Nach Hause. Auf gar keinen Fall in irgendein Heim oder eine Pflegeeinrichtung. Das wollte er nicht. Dafür war er vielleicht auch zu stolz. Er redete sich immer noch ein, dass alles wieder gut werden würde. So krank wäre er doch gar nicht. Was soll er da in solch einer Einrichtung?

Aber wie sollte das zuhause funktionieren? Das ginge ja nur mit einer Pflegekraft. Meine Mutter allein konnte das ja gar nicht schaffen. Und ich konnte auch nicht 24 Stunden am Tag dort sein.

Wir haben uns dann gemeinsam darauf verständigt, dass wir ihn nach Hause holen und zusammen mit einer Pflegekraft ihm das dort so angenehm wie möglich zu gestalten.

Ich erspare Ihnen jetzt einen Großteil der Details der nächsten Tage, denn die waren nicht schön. Die Tage nicht und die Details nicht. Wobei, eines war dann doch noch sehr schön. Der Tag, an dem er nach Hause gebracht wurde. Der Moment, in dem er in seinem eigenen Bett lag, in seinen vier Wänden, da war er richtig glücklich. Er strahlte. Wer kann es ihm auch verdenken? Zuhause ist es nun einmal am schönsten.

Das erste was er machte, war eine seiner Uhren um-
zumachen. Er hatte im Krankenhaus seine hochwer-
tige Uhr natürlich nicht getragen. Aber als nach Hause
gebracht wurde, war es das Erste was er getan hat.
Wieso? Ich weiß es nicht. Möglicherweise gab sie ihm
das Gefühl, wieder da zu sein. Vielleicht gab sie ihm
Sicherheit. Es kann sein, dass er immer noch an dem
Gedanken festhielt, dass er wieder gesund werden
würde. Letztendlich war es aber auch ganz egal warum er sie trug. Alles was er wollte, alles was ihm half,
die letzten Tage so angenehm wie möglich zu
machen, sollte er bekommen.

Es gab sogar auch noch einige lustige Momente.
Momente, in denen wir alle für kurze Zeit vergessen
hatten, was unausweichlich war.

Er lag dort auf seinem Bett, hatte kaum etwas an, da
ihn die innerliche Hitze förmlich aufzufressen schien,
sodass meine Mutter ihn fragte, ob wir ihm denn nicht
etwas mehr anziehen sollten. Worauf er antwortete:

„Wieso? Kriegen wir noch Besuch?"

Aber das mit einer lockeren und leicht süffisanten Art,
die wir so bei ihm selten gesehen hatten.

Oder wenn wir ihm mit der Sprühpistole die Haare
nass machten, weil es im Zimmer unerträglich warm
war

-der Jahrhundertsommer fing ja schließlich schon im Mai an- dann freute er sich wie ein kleines Kind.

„Das tut sooo gut. " Und lächelte vor sich hin.

Der Arzt hatte ihm gesagt, er solle viel Wasser trinken. Aber irgendwann konnte er das Wasser nicht mehr sehen. Er wollte etwas anderes. Er wollte auf einmal Cola und Apfelschorle. Getränke, die er sonst nie getrunken hatte. Hauptsache etwas mit Geschmack. Bis er dann auf einmal sagte:

„Was soll der Quatsch, bringt mir lieber ein Bier. "

Und sein Wunsch war uns Befehl. Allerdings war das Trinken selber auch kein großer Grund zur Freude. Denn das war nur noch mit einem Strohhalm und mit unserer Hilfe möglich. Aber die Freude am kühlen Bier ließ er sich nicht nehmen.

Diese Freude hielt nur leider nicht sehr lange an. Nach ein paar Tagen wurden die Qualen, die ich Ihnen jetzt wirklich im Detail erspare, immer schlimmer. Nur ein Beispiel. Er sagte kurz bevor es zu Ende ging zu mir:

„Ruf den Doktor an, er soll mir eine Spritze geben!"

Und er meinte damit keine Spritze gegen die Schmerzen, denn die hatte er Gott sei Dank immer noch nicht. Nein, er meinte eine Spritze, die ihn erlösen sollte.

Und das war in dem Moment wieder eine Situation, mit der ich nicht gerechnet hatte. Er, der Mann, der sich alles erkämpft hatte, hatte innerlich aufgegeben. Das war irgendwie doch schockierend. Aber ein ganz klares Zeichen, dass es nicht mehr ging. Er wollte nicht mehr.

Ein paar Minuten später fragte er dann auf einmal, wann denn nochmal die Fußball-WM beginnen würde, die wolle er schließlich ja noch sehen.

Als wenn ein Teil in ihm doch noch nicht aufgegeben hatte. Oder vielleicht auch nur eine Phase des nicht ganz so viel Leidens. Ich weiß es nicht.

Letztendlich mussten wir ihn nach einer knappen Woche dann doch wieder ins Krankenhaus bringen lassen. Und an dieser Stelle wiederholte sich die Szenerie. Meine Mutter völlig fertig, musste von dem Notarzt erst mal was zur Beruhigung bekommen. Sie konnte nicht mitfahren. Ich war einigermaßen gefasst und begleitete ihn wieder in die Notaufnahme. Wir kannten das Prozedere ja mittlerweile.

Sein Zustand war allerdings zu diesem Zeitpunkt schon so schlecht, dass es unklar war, ob er die Nacht überstehen würde.

Die behandelnde Ärztin, die an diesem Abend in der Notaufnahme Dienst hatte, war zufälligerweise die Ärztin, die meiner Mutter und mir vor wenigen Tagen, die niederschmetternde Diagnose mitgeteilt hatte. Von ihr erfuhr ich dann, dass sie nichts mehr für ihn tun konnten, außer es ihm so erträglich wie möglich zu machen. Und ich darf Ihnen sagen, dieses Bild, wie er dort lag, mit den verschiedensten Schläuchen und Gerätschaften an und um ihn herum, das werde ich wohl mein Leben lang nicht vergessen.

Ich verließ ihn, mit der Aussage, dass ich direkt morgenfrüh kommen würde, um bei ihm zu sein, da ich in der Notaufnahme nicht bleiben könne.

Es war hart zu gehen, es war hart, ihn dort so zu sehen, aber ich dachte in diesem Moment, dass wir uns am nächsten Morgen noch wiedersehen würden. Das war dann leider nicht mehr der Fall. Und so kam dann auch um 5 Uhr morgens der Anruf aus dem Krankenhaus, dass er gerade friedlich eingeschlafen sei.

Früher habe ich nie so recht verstanden, wenn andere Menschen davon gesprochen haben, dass eine Person von ihrem Leid erlöst wurde. Jetzt konnte ich das nur zu gut nachvollziehen.

Meine Mutter konnte sich nicht richtig von ihm verabschieden, weil sie mit der Situation völlig überfordert war. Ich hatte mich nicht wirklich verabschiedet, weil ich dachte, wir sehen uns noch mal wieder.

Und so schnell war dann alles vorbei. Und was bleibt? Trauer. Wut. Zorn. Schmerzen. Einsamkeit. Hilflosigkeit. Aber nach einer Weile des sich wieder Fangens bleiben die Erinnerungen, die Gedanken an gemeinsame Zeiten. Die schönen Momente, die wir gemeinsam erlebt haben und die uns immer im Gedächtnis bleiben werden.

Was bleibt zu sagen?

... und so schnell sind 71 Jahre vorbei!

Geht es uns nicht allen so, je älter wir werden, desto schneller geht die Zeit rum? Natürlich nur gefühlt. Die Geschwindigkeit der Zeit bleibt immer gleich. Aber das, was wir in jungen Jahren von den älteren Erwachsenen gehört haben, war für uns Utopie. Wieso sollte später einmal die Zeit schneller rumgehen. So ein Blödsinn.

Und jetzt stehen wir hier und fragen uns wo die Zeit geblieben ist?

Wenn wir Menschen etwas Bedeutendes und Wichtiges tun, das uns selbst oder andere einen Schritt vorwärts bringt, dann vergeht die Zeit sowieso schnell. Wenn wir nichts Produktives mit uns anfangen können oder wir gelangweilt der Dinge harren, dann vergeht die Zeit einfach nicht.

In den Trainings meines Vaters flog die Zeit nur so dahin. Für ihn und für die Trainingsteilnehmer. Gut, so mancher hätte sich gewünscht, dass der Tag schneller wieder vorbeigewesen wäre. Diejenigen, die die Inhalte aufgesogen haben wie ein Schwamm, die waren immer überrascht, dass es auf einmal 17:00 Uhr war.

Worum geht es also?

Das Leben ist zu kurz. Es ist zu kurz, um sich mit belanglosen Sachen zu beschäftigen. Es ist zu kurz, sich zu streiten, sich über Dinge aufzuregen, die man eh nicht ändern kann. Es ist zu kurz, mit Menschen endlose Diskussionen zu führen, die sowieso zu keinem konkreten Ergebnis führen. Die Zeit ist zu kostbar, um sie in sinnlosen Tagungen und Meetings zu vergeuden.

All das kostet Zeit und was noch viel wichtiger ist, es kostet Kraft. Und warum sollen wir unsere kostbare Zeit und Kraft vergeuden? Unser hart verdientes Geld schmeißen wir ja auch nicht einfach zum Fenster raus.

Natürlich gibt es jeden Tag hunderte von Dingen, über die wir uns aufregen könnten. Die Auslöser dafür lauern überall. Nur wenn wir mal ehrlich sind, was bringt es uns, wenn wir uns über alles und jeden aufregen?

Das Leben ist zu kurz!

Es ist zu kurz, sich über die anderen Verkehrsteilnehmer aufzuregen, sich verbal durch die Windschutzscheibe mit ihnen zu duellieren. Es ist sinnlos, den Stau zu verfluchen. Er war vor Ihnen da und er wird auch so schnell nicht wieder verschwinden. Und wenn wir uns darüber aufregen, geht es uns auch nicht besser.

Natürlich ist es nicht gesund alles in sich hineinzu-fressen. Nur wenn Sie sich ärgern wollen, dann machen Sie es doch auch richtig. Mein Vater hat seinen Teilnehmern immer gesagt, dann gehen Sie doch bitte in den Keller und schreien Sie Ihre Wut hinaus. Gehen Sie zum Boxen und malträtieren Sie den Boxsack bis zum geht nicht mehr. Oder was auch immer Ihnen hilft wieder einen klaren Kopf zu be-kommen.

Nur eines ist ganz wichtig, vergeuden Sie nicht Ihre Kraft und Ihre Zeit. Das Leben ist zu kurz.

In Bezug auf meinen Vater könnte man ja sagen, er ist 71 Jahre alt geworden, das ist doch schon eine lange Zeit. Aus welchem Blickwinkel? Von dem eines Kin-des ist das unendlich lange. Aus dem eines 85-jähri-gen Golfkumpels ist das viel zu wenig. Na klar, alles ist relativ. Genau darum geht es aber doch im Leben. Nämlich, dass wir alle aus dem was wir haben, das beste machen. Das wir alle versuchen unsere Ziele zu erreichen. Wo auch immer diese liegen mögen.

Auch diesbezüglich fällt mir wieder etwas aus unse-ren Trainings ein. Ziel, Zielformulierungen. Wenn mir jemand sagt, er möchte gern abnehmen, dann ist das ja schön und gut. Aber was heißt das denn konk-ret? Wie viel? In welcher Zeit? Mit welchen Maßnah-men?

Nur wenn wir unsere Ziele konkret, das heißt messbar formulieren, nur dann können wir uns doch auch irgendwann auf die Schulter klopfen und sagen, toll hast du das gemacht. Oder wir müssen uns selbst in den Hintern treten, weil wir auf einmal merken, dass wir unsere Ziele nicht erreichen werden.

Und dafür gibt es so viele Beispiele. Ich möchte mehr Sport treiben? Prima. Aber was heißt das konkret? Ich möchte mich weiterbilden. Hervorragend. Aber wann, wie und mit welchem Ziel? Ich möchte mehr Zeit mit der Familie verbringen. Ausgezeichnet. Wo wollen Sie diese Zeit hernehmen? Was brauchen Sie dazu?

Soll ich noch weitermachen? Mein Vater hat mir einmal erzählt, dass er denkt, zu wissen, warum so viele Menschen keine messbaren Ziele haben. Seine Theorie war, dass die Menschen Angst vor der Blamage haben. Angst davor, sich eingestehen zu müssen, dass man seine hochgesteckten Ziele nicht erreicht hat. Und er sagte weiter, dass darin wahrscheinlich schon der Fehler liegen würde. Viele Ziele sind einfach viel zu hoch gesetzt. Die sind nicht realistisch. Na klar, darüber könnten wir jetzt wahrscheinlich endlose Diskussionen führen, wie hoch Ziele gesetzt werden sollten und warum? Oder warum auch nicht? Oder zu welcher Zeit man sich Ziele setzen sollte? Aber das machen wir jetzt nicht.

Sonst enden wir noch an dem Punkt, den er nie so wirklich verstanden hatte. Nämlich warum so viele Menschen sich Ziele genau zum Jahreswechsel gesetzt haben? Warum nicht zu einem anderen Zeitpunkt? Und zwar dann, wenn es passt. Wenn es mir passt. Wenn es zu meinen Lebensumständen passt. Wenn die Aussichten auf Erfolg auch realistisch sind.

Ja so war er nun mal. Auch immer ein wenig auf Konfrontationskurs. Das mochte er. Die Leute ein wenig zu kitzeln, anzustacheln, sie zum Nachdenken anzuregen.

Natürlich ist er mit seiner Art auch öfter angeeckt. Aber das war ihm egal. Er wollte nie der Ja-Sager sein. Der aalglatte Typ, der sich immer so windet, dass er den geringsten Wiederstand erlebt. Nein, das war nicht sein Ding. Dann lieber provozieren. Aber immer mit einem ganz bestimmten Ziel. Niemals um Leute zu verletzen. Auch wenn das leider manchmal passierte. Seine Absichten waren immer positiv.

Ich kann mich noch erinnern, dass er mal einem Kellner gesagt hat, er hätte Körpergeruch. Ich war noch sehr klein, aber ich habe diese Bilder noch genau vor Augen. Meine Mutter, die vor Scham fast im Boden versank, mein Vater, der ganz selbstbewusst diese Aussage rausließ und der Kellner, der gerade nicht wusste, wie er damit umgehen sollte.

Und ich weiß noch, dass meine Mutter zu meinem Vater sagte:

„Das kannst Du doch nicht machen. Der arme Kerl."

Mein Vater schaute nur verwundert.

„Wieso denn nicht. Wenn ich es ihm nicht sage, traut sich vielleicht kein anderer es ihm zu sagen. Und er merkt es selbst vielleicht gar nicht. Und so marschiert er dann durch sein Leben. Das ist doch auch nicht gerecht."

Damals wusste ich nichts mit der ganzen Thematik anzufangen, aber heute ist mir alles klarer. Und heute weiß ich auch ganz genau, wie ich reagiere, wenn mich ein Trainingsteilnehmer fragt, was er denn machen solle, sein Mitarbeiter hätte Körpergeruch. Und meine Antwort ist ganz einfach. *„Sprechen Sie ihn darauf an. Er wird ihnen dankbar sein. Wenn auch nicht sofort, aber später einmal wird er Ihnen dankbar sein."*

Wir müssen auch mal den *„Mut haben, es darauf ankommen zu lassen"*! Egal ob in beruflichen oder privaten Situationen. Warum nicht einfach mal andere Menschen auf bestimmte Dinge hinweisen? Was nicht heißt, dass wir durch die Straßen rennen sollen und andere Menschen maßregeln sollen. Bitte nicht.

Das ginge sowieso nach hinten los. So vermessen sollten wir auch nicht sein. Aber Personen in unserem
Umfeld, Freunde, Familie, Bekannte oder Arbeitskol-
legen. Warum denn nicht mit diesen Menschen ganz
offen sprechen. Ich sage nur „Blamiere Dich täglich".
Was kann uns denn schlimmstenfalls passieren?

Aber was erzähle ich Ihnen? Es war seine Art und
Weise durchs Leben zu gehen. Es war der Weg von
Norbert Schaper. Und zum großen Teil ist es jetzt
auch mein Weg. Ich muss nicht alles gut finden was
er gemacht hat oder wie er es gemacht hat. Aber ich
kann mir zumindest Gedanken darüber machen und
dann meinen eigenen Weg finden.

Und den muss ich jetzt auch gehen. Gerade vor ein
paar Tagen habe ich mich wieder dabei ertappt, dass
ich den Hörer nehmen und meinen Vater anrufen
wollte, weil ich eine knifflige Situation zu meistern
hatte. Aber das geht jetzt nicht mehr. Da muss ich
ganz allein durch. Kein Vater, den man Fragen kann.
Kein Vater, der mit einem zusammen Projekte erarbeitet. Kein Vater mehr, der einem mit seiner ganzen
Erfahrung in allen möglichen Situationen weiterhel-
fen kann. So ist das nun mal im Leben. Irgendwann
ist es vorbei. Das Leben ist zu kurz! Rückblickend ist
das ja immer so. Also für die meisten zumindest.

„Ruhe in Frieden, Dad. Und bleib so wie Du bist, wo auch immer Du gerade bist!"

In Gedenken an Norbert Schaper

Ehemann

Vater

Trainer

Mensch